個のダイナミクス

運動発達研究の源流と展開

山本尚樹 著

新・身体とシステム

佐々木正人・國吉康夫 編集

金子書房

序

二〇〇一年から刊行を開始した第一期シリーズ「身体とシステム」の序は、以下のように書き始められた。

現在、心（マインド）の科学といわれている領域がはっきりと姿をなしたのは十九世紀後半のことである。しばらくして人々はその新しい領域を心理学と呼び始めた。この新しい学問は、医学や生理学、生物学、物理学、文学などと連続した領域であり、二十世紀哲学の母体でもあった。心理学というのは多種の思考の混淆体であり、そこには未知の可能性があった。残念ながらこのオリジナルの柔軟さはやがて失われた。物質科学の厳密さへのあこがれに縛られ、対象を自在に見詰める眼差しは曇った。リアリティを研究者の都合で分裂させ、その一つ一つのかけらのなかで事象を因果的に説明しつくす方法論が急速に浸透した。その流儀の後継者たちが長らくこの領域で優位にたった。

そして序は以下のように続けられていた。

二十一世紀になった。いま種々の領域がまったく独自に心の研究をはじめている。はじまりの心の科学の活気が戻ってきている。

本シリーズのタイトル「身体とシステム」は、ここに述べられているように、還元主義と因果論を特徴とする二十世紀心理学の伝統とは異なる「ヒトの科学」の道を探るあらゆる試みを意味していた。シリーズの第一期では、この機運を、文化、社会、認知、表現、記憶などの領域で示す六冊を刊行した。

第一期から時が経ち「身体とシステム」の動向には、その核心部分で、つまり身体それ自体の捉え直しにおいてめざましい進展がある。ここに刊行する「新・身体とシステム」シリーズは、このように急速に変わりつつある「身体とシステム」のすがたをあらためてコンパクトな叢書として読者に届けるために企画された。

現在の「身体とシステム」は二つの動きからなる。

すでに一九三〇年代の革新は、ヒトの動きが下位システムの複合する高次システムであることを見通していた（ニコライ・ベルンシュタイン著『巧みさとその発達』（工藤和俊訳／佐々木正人監訳　金子書房）ように、二十世紀科学は、ヒトの動きが機械の運動とはまったく異なる原理によることを明らかにした。いまではマクロな身体現象に複雑系や、とくに非線形科学（非平衡現象の科学）の解析法をもちいることがトレンドになり、洗練された方法は身体についての知識を一変させた。これが第一の動向である。

こうした運動科学の世界的な変化に、知覚の生態学的アプローチが合流したのは一九八〇年頃である。二つの出会いが、媒質（空気）の光構造や、振動の場、ソフトな力学的接触などからなる生態学的情報に身体が包まれ、身体運動の制御がそれらと無関係ではないことを明らかにした。周囲に潜在する膨大な意味が、包囲情報が特定する環境表面のレイアウトにあるという発見がもたらされた。身体とそれを囲むところをシステムと考える、この第二の動向は、認知科学、ロボティクス、リハビリテーション、プロダクト・デザイン、建築などの分野に広がっている。

わが国の研究者は、この環境と身体を同時に射程に入れるヒトの科学の一翼を担っている。二〇〇七年に新時代の「身体とシステム」を議論する「知覚と行為の国際会議」が横浜で開催され、半数以上の海外発表を含む百五十名の参加者が交流した。

このような時代に書き継がれる、「新・身体とシステム」各巻には、概念と事実の新しい展開が提示されている。ベルンシュタイン問題（多自由度身体の制御法）への確立したアプローチ、非線形運動科学による多様なジャンルの複雑な行為の解明、身体に生まれながら埋め込まれている（固有の）ダイナミクスをベースとする発達運動学、包囲音情報に含まれている行為的意味の音響分析、面レイアウトの意味を探る生態学的幾何学、実世界動物のしなやかで巧みな振る舞いの原理から構成するソフト・ロボットや乳児ロボットなどが各巻の主題となる。

各巻は、身体について、その動きの原理について、身体の周囲をデザインすることについて、はじめて述べられることが、わかりやすく紹介されている。心理学とその関連領域の研究者や院生のみならず、ヒトの科学の新時代に興味を持つ若い高校生や学部生をはじめ「身体とこころ」について考える広い読者にも、このシリーズの各巻が何かのヒントになれば幸いである。

二〇一六年五月

「新・身体とシステム」編者

佐々木正人

國吉康夫

目次＊個のダイナミクス——運動発達研究の源流と展開

Ⅱ章　運動発達研究の源流――カグヒル、ゲゼル、マグロー　21

目次

はじめに

この本には二つのテーマがある。

一つは人の体の動き、運動とその発達である。

目の前のコップを手に取る、見慣れた道を歩く、鉛筆でメモを取る、いろいろな運動をわれわれは日々繰り返す。ただ、コップの形や材質はさまざまだし、路面にも微妙な凹凸や傾斜がある。運動する身体、その周囲にあることはその時々でさまざまである。その一方で、手を伸ばすとき、立っているか座っているかでその動きは異なるだろうし、体の痛みでどこか上手く動かないこともある。身体の側も、その時々でさまざまな違いをはらんでいる。こうした諸々のことを引き受けながら、身体は動く。そのため同じコップを手に取るという行為であっても、運動にはその都度の微妙な違い、ヴァリエーションがある。

また、自転車に乗る、新しい泳法を学ぶなど、新しい課題に挑戦するときに私たちはさまざまに体の動きを探りながらコツをつかんでいく。そこで生じた運動の微細なヴァリエーションは、大きな変化、発達に繋がることがある。

こうしたプロセスは何も特別なものではない。かつて赤ちゃんであった私たちは誰しも、目の前のものに手を伸ばす、お座りをする、歩くなど、さまざまな運動を身につけていくプロセスを経てきたはずである。運動の変化はどのように生じるのか、この問いに向き合ってきたのが、運動発達研究という領域である。

もう一つは、「個」という問題である。

一人一人の人間は個である。このことは誰でも認めることだろう。Aさんはつねに Aさんである。このように、変わらないことを根拠として個を認めることは簡単かもしれない。

しかし、毎日向き合っている「この人」は、その時々でさまざまな表情を見せるし、容姿も少しずつ変わっていく。私たちが実際に関わる「この人」は、日々うつろい、変化している。では、変化していくものはどのようにして個としてとらえることができるのか。

また、個々人は違うという主張はあまりにも当たり前すぎて、改めて問う必要がないことのように思える。こうした主張を超えて、個は科学的な対象になりうるのだろうか。こうした個をめぐる問題が、この本のもう一つのテーマになっている。

成長とは他でもない、まさにその人が経ていかなければならない当人にとっての問題だろう。それと同じように、発達という問題と個という問題はどこかで結びついているのではないのだろうか。この本は、運動発達研究がどのような科学領域なのか、その研究の流れを描きつつも、底流に個という問題を置いている。

まずⅠ章では、運動において個をとらえることがどのような問題をはらんでいるか、具体例を挙げながら見ていく。次に、Ⅱ章、Ⅲ章では乳児運動発達研究の歴史を辿り、その基本的な理論枠組みを確認するとともに、今後どのような問題に取り組むべきなのか検討する。そのなかで、この領域において個が主題的に扱われるようになるまでの経緯も見えてくるはずである。そして、Ⅳ章、Ⅴ章ではそうした研究史と個の問題をふまえながら、私が関わった乳児の運動発達研究の事例を紹介する。その上でⅥ章では運動発達研究の今後の展開について改めて考えてみたい。

手っ取り早く乳児運動発達研究について知りたい読者は、Ⅱ章から読んでもかまわない。ただ、個という問題に少しでも引っ掛かりを感じている読者は、Ⅰ章から順に読み進めていただければと思う。

Ⅰ章 運動における「個」の問題

身体の動きに「個」を見ようとするとき、どのような問題が生じるのであろうか。
ここでは成人の寝返りの動きを具体例に挙げながら、この問題について考えていく。

運動の「個」？

電車を待っている間、何とはなしにホームを行き来する人を観察してみる。腕を大きく振りながら足早に歩を進める人もいれば、腕はあまり振らず肩で風を切るように悠々と歩く人もいる。まっすぐ伸びた足を大きく振り出しさっそうと歩く人、背を曲げ少し前かがみの姿勢でしずしずと歩く人。普段、その様子に注意を向けることはないが、そこには歩行という一つの言葉ではくくれないような、それぞれの動きの違いが見えてくる。

他にも、例えば何人かにカッターナイフで鉛筆を削ってもらい、その動きを観察してみる。そうすると、どのように鉛筆とカッターナイフを持ち、構えるのか、どのような順番で鉛筆の芯をとがらせ、木の軸の形を整えるのか、そうしたことに違いが見えてくる。

普段われわれが目にしている顔はその人のことを、もっと言えば「個」を表している。それと同じように、詳しく観察していくと人の動きにも「個」のようなものが見えてくる。

寝返りに見る動きの多様性

われわれは布団やベッドの上で横になっている時に寝返りを打つことがある。体を横に起こしてゴロンと回していく、あの単純な動きである。ではこうした単純な動きにも、歩行や鉛筆削りのように人による動きの違い、つまり個が見いだされるのだろうか。

ある時、知り合いの作業療法士が大学で特別講義を行うことになり、それに参加する機会があった。特別講義と言っても、半分は体を動かす実技に当てられており、その中で寝返りが取り上げられていた。その作業療法士は、寝返りには肩から寝返るパターンと腰から寝返るパターン、その中間で肩と腰が揃いながら寝返るパターン、主に三つの運動パターンがあると言い、その場で実際に学生に寝返りをさせた（図1‐1）。

学生はその場で寝返りの様子をお互い観察しあい、自分が三つのうちのどの寝返りのパターンに該当するのかを判別した。それぞれのパターンに該当するものが集まり一斉に寝返りをすると、動きの違いはより明瞭に見えてくる。

図1-1　人によって寝返りの動きは違う？

また、その作業療法士は、現場でその人がどの動きのパターンに該当するかによって寝返りを介助する際の手技も変える、とも言っていた。例えば、肩から寝返る人には背中の肩から肩甲骨の周囲に手を添える、腰から寝返る人には腰の動きが出やすくなるように膝に腕をかけ足を引く、といった具合である。これについても、学生は実際に他の人の寝返りを介助してみたり、また介助をしてもらったりしていた。どうやら、自分の寝返りのタイプに対応していない手技ではスムーズに寝返りができないようで、口々に違和感を訴えていた。

寝返りに個は見いだされるか

この講義の後、私は寝返りに関する論文をいろいろ調べてみた。成人の寝返りの動きは一様ではなくさまざまな動きのパターンが観察されることは、リヒター（Richter, R. R.）らの研究を始めとして（Richter, VanSant, & Newton, 1989）、多くの研究で確認されていた（角・米村・多々納・上田・渡部、一九九五；香城・増田・佐藤・紙屋、二〇〇一；中島ほか、一九八八；野崎・藤巻・三家・荏原・野呂、二〇〇四）。そして、いくつかの研究ではそれを個人差に関連づけて論じていた。

しかし、これらの論文を読んでいくと、寝返りの動きに多様性が見られるからと言って、その多様性が必ずしも個人差、つまり運動の「個」を示すことにはならないのではないか、という疑問が浮かんでくる。

この疑問は、運動の多様性のなかに個々人の違いを判別する時に、その分類の基準をどこにおくか、という問題から生じてくる。先に紹介した作業療法士は運動パターンを三つに分類していたが、リヒターらは成人の寝返り運動について、上肢、体幹、下肢の部位ごとに運動パターンを四つに分類している（Richter, VanSant, & Newton, 1989）。香城らはリヒターらとほぼ同じ方法を用いつつも、体幹は三パターン、上肢は三パターン、下肢は四パターンに分類している（香城・増田・佐藤・紙屋、二〇〇一）。野崎らの分類は、先の作業療法士の分類方法に最も近いが、そこで指摘された三パターンにくわえ、それらの複合した運動パターンがあるとして、四つに分類しているという点が異なる（野崎・藤巻・三家・荏原・野呂、二〇〇四）。その他にも、角らは体幹の動きに観察の焦点を絞って九つの運動パターンを区別している（角・米村・多々納・上田・渡部、一九九五）。このように分類の基準やその細かさが異なれば、ある基準で同じものとして分類されていたものが別の基準では違うものに分類されることもあるだろうし、その逆もありうるだろう。

こうした問題は、運動を速度などで数量的に測定する場合にもつきまとう。同じ値を取っているようでも細かい桁まで測定値を見ていけば違いは見いだされるだろうし、逆に大きな桁で値を見ていけば細かい違いのある測定値は近似する値とみなされるだろう。どの程度の桁の細かさで見ていくかによって個人差の判別はまったく異なってくるのである。

個をとらえるという問題

先ほどの疑問は、次のように言い換えることができる。動きの多様性のなかに「個」というものをとらえようとしたとき、実質的には「個」そのものは問題になっておらず、そこに基準を設けて区切りを入れる観測者の側へ問題がすり替えられてしまっているのではないのか。もしくは、そこに見いだされる個とは観測者が任意に区切りを入れて貼り付けるラベリングのようなものなのではないか、とも言えるだろう。このように考えると、われわれが寝返りの動き、ひいてはその他の動きにも見出していた個とはそれ自体存在しない観測者の頭の中の幻のように思えてくる。

しかし、ここで先ほどの作業療法士の話をもう一度思い出してみよう。その作業療法士は個々人の寝返りの動きをただ三つの運動パターンに分類するだけでなく、それに応じて介助の手技も変えていた。そして、その人のパターンに対応しない手技ではスムーズに寝返りができなかったのである。

ただ観測しそこに区切りを入れるだけであれば、そこに見いだされる個人差は観測者による恣意的なラベリングでしかないのでは、という疑念がつきまとう。しかし、寝返りの介助という実践的な場面において、個々人の寝返りの動きの違いは介助の手技やその動きやすさ、心地よさに影響を与えている。そうであれば、寝返りにおける運動の個は観測者の頭の外に実際に存在するのではないのか？

寝返りの実験を行う

もし寝返りの動きに見られる個が、介助などの実践の場面に影響を及ぼしていることが実験で示されるとしたら、それは科学的に扱える対象と言えるのではないのだろうか。そう考えたが、私自身は専門家として寝返りの介助を行えるわけではない。

そこで、次のような実験を行った（山本、二〇一三）。実験参加者には一五回の寝返りを一セットとして、全五セット、計七五回の寝返りを行ってもらう。また、寝返る方向はすべて左とした。実験の流れは次の通りである。最初の一セット目では、寝返りをする際の動作の指定などを行わず参加者が楽だと思う方法で寝返りを行ってもらう。まず、参加者の寝返りの個性をそのまま見るためである。二～四セット目では、それぞれこちらから指定した動作から寝返りを行う、という課題を出した。動作の指定は次の三種類である。

A．右腕を左に伸ばしていく動作から寝返りをする
B．右膝を立てて床を蹴る動作から寝返りをする
C．右足を左に降り出す動作から寝返りをする

Aの課題は、腕を伸ばす動作から寝返りが始まるので肩のほうから体を捻っていく寝返り

が誘発されると考えた。逆に、Cの課題では腰から捻っていく寝返りが誘発され、Bの課題ではその中間、相対的に肩と腰がそろって回っていくような寝返りが誘発されるだろう。A、B、Cの課題をどの順番で行うかは無作為に割り当てることにした。最後の五セットでは、動作の指定を行わず、再び参加者が楽なように寝返りを行ってもらった。実験には二六名の成人男性が参加し、彼らの動きはモーションキャプチャーで記録した。

実験には次のねらいがあった。一セット目で何も指示を与えず寝返りをしてもらった時に、例えば肩のほうから寝返りをする人であれば腰からの寝返りが誘発されるCの課題はうまくいかず、腰から体幹を捻っていく動きが抑えられると予想される。逆に、腰のほうから寝返っていく人であれば、肩からの寝返りが誘発されるAの課題では、肩からの体幹の捻りが抑えられるかもしれない。このようにA〜Cの課題を行う時に一セット目に見られる動きの違いに応じて各自が寝返りの動きを調整しているのであれば、寝返りの動きの個人差は運動課題の実際の遂行に影響を与えているという点で、観測者による恣意的なラベリングだとは言えなくなる。

実験で示されたこと

実験の結果を見ていこう。図1-2は一セット目で、肩から寝返りを行っていた者、あま

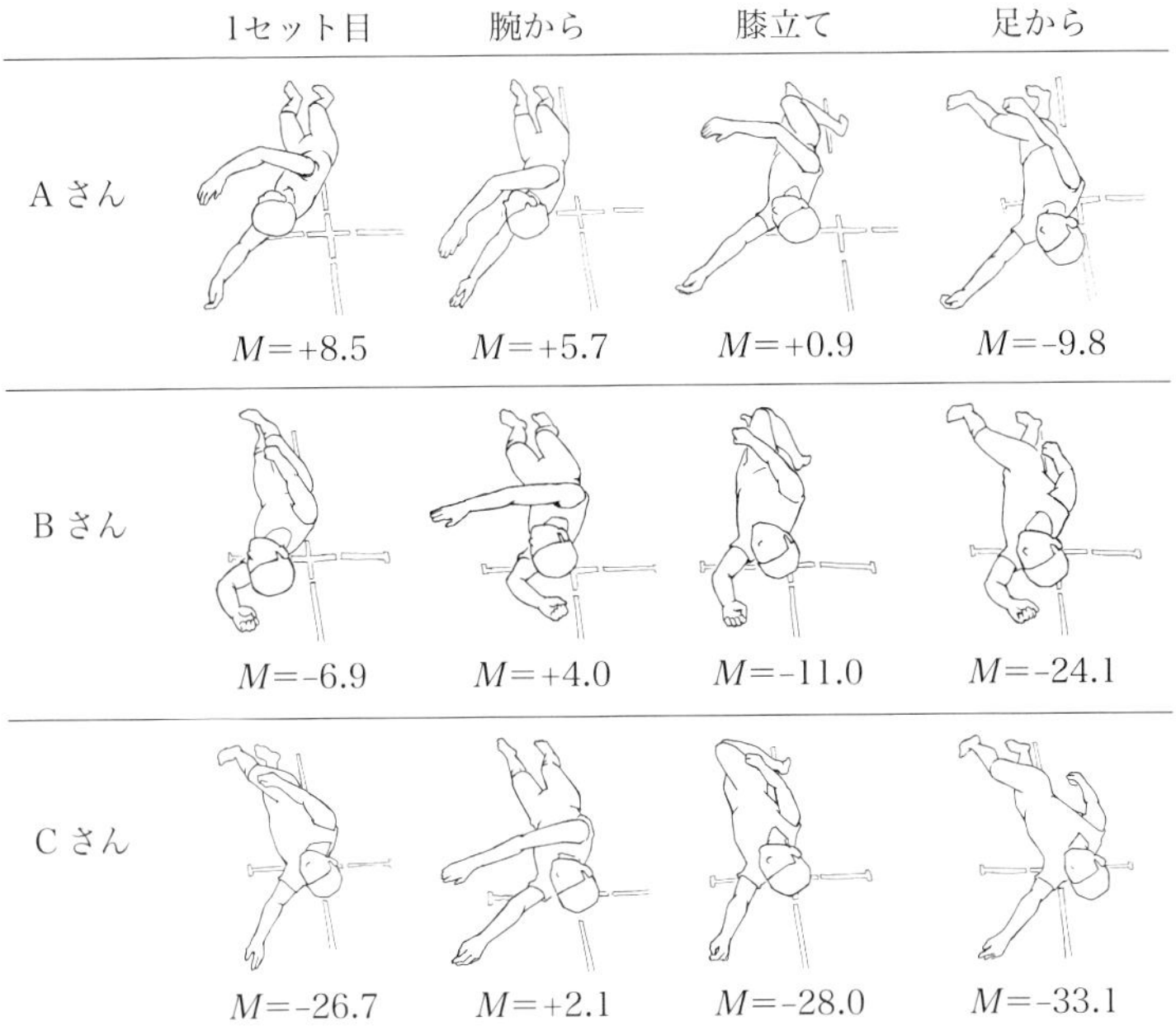

図1-2　各課題における寝返りの様子
(山本，2013より一部改変)
実験に参加したAさん，Bさん，Cさんが1セット目，および「腕から」「膝立て」「足から」の各課題でどのように寝返りを行っていたかを示したものである。1セット目でAさんは肩から，Cさんは腰から寝返りをしており，Bさんはその中間で肩と腰が相対的に揃って寝返りをしていた。Mは各セットでのスコアの平均値。スコアについては後述。

り体を捻らず肩と腰を揃えるように寝返りをしていた者、腰から寝返っていた者、それぞれの中から代表的な者を選び、各運動課題でどのように寝返りをしていたかを示したものである。ここに示した三人の動きをよく見てみると、同じ課題であっても、それぞれの参加者は一セット目の体の捻りに近くなるように、各自が動きを調整していることがわかる。ここに示した事例を見る限りでは、仮説どおりの結果が示されているように思われる。

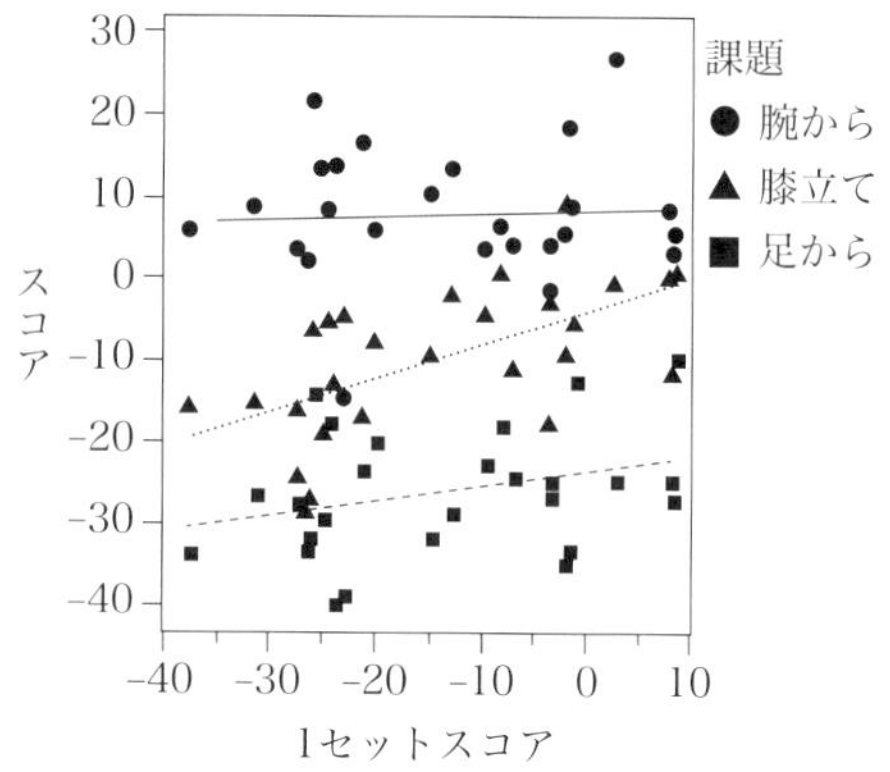

図1-3　1セット目に対する各課題のスコアの分布
(山本，2013より一部改変)
●・▲・■は，各課題におけるスコアを示しており，——，┈┈┈，------ はその回帰直線を示す。スコアについては，＋の場合は肩から寝返っていること，－の場合は腰から寝返っていると考えてもらってよい。また，スコアが大きければ体を大きく捻っていることを示している。

しかし、モーションキャプチャーの記録から体幹の捻りを数値化して分析を進めていくと、話はそう単純なものではないことが見えてきた。図1-3は一セット目での各参加者の体幹の捻りの数値（以下、スコアとする）を横軸に、A、B、Cの各課題におけるスコアを縦軸にそれぞれプロットしたものである。仮説通り各課題において

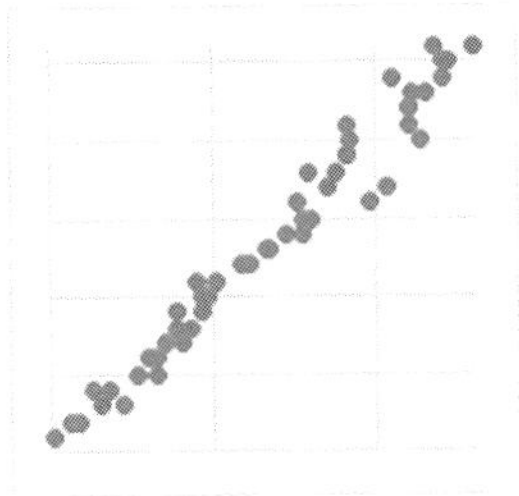

図1-4　仮説通りのスコアの分布
ここには仮想のデータをプロットした。

肩から寝返る者は相対的に肩から寝返り、腰から寝返る者は相対的に腰から寝返る傾向があった場合、図1-4のように右肩上がりにマーカーが分布するはずである。

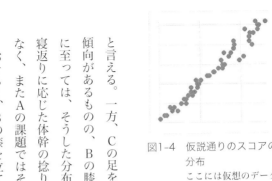

これと比較して図1-3を見ると、Bの膝を立てて寝返っていく課題では三角で示したマーカーが右肩上がりに分布している。つまり、Bの課題では仮説通り一セット目での寝返りに応じて体幹の捻りの調整がされていたと言える。一方、Cの足を振り出して寝返る課題では若干右肩上がりにマーカーが分布する傾向があるものの、Bの膝立ての課題ほどではない。さらに、Aの腕を伸ばして寝返る課題に至っては、そうした分布の傾向はほぼ認められない。つまり、Cの課題でも一セット目の寝返りに応じた体幹の捻りの調整がなされているようだが、その度合いはBの課題ほどではなく、またAの課題ではそうした調整がほぼなされていなかった。

おそらく、Bの膝を立てて寝返る方法は、一セット目の体幹の動きに応じた調整が容易な課題だったのだろう。そして、Cの足を振りだして寝返る方法はそうした調整が不可能ではないものの、やや困難であり、Aの腕を伸ばして寝返る方法はそうした調整が非常に困難な課題であったと考えられる。一言で結果をまとめると、個性に応じた動きの調整が容易な課題と、そうでない課題があった、と言える。

先ほど少し述べたように、この実験では二～四セット目で三つの運動課題を行ってもらった後、五セット目で動作の指定をせずに参加者に楽だと思う方法で寝返りを行ってもらった。この結果についても簡単に紹介しておこう。

参加者二六名中、一八名は一セット目と五セット目で体幹の捻りに変化が見られ、八名はそうした変化が見られなかった。体幹の捻りに変化が見られても、その変化が一様なものではなく、大きく変化している者もいればそうでない者もいた。図1-5は、体幹の捻りに変化が見られた参加者、変化が見られなかった参加者、それぞれの中から特徴的な事例を示したものである。図に示されるように、体幹の捻りが変化していた者は、腕や足の動かし方が異なっている。一方、体幹の捻りに変化がない参加者のなかにも、腕や足の動きがほぼ同じ参加者もいれば、腕と足の動きが大きく異なる参加者もいた。

参加者全員に二～四セット目でさまざまな寝返りの方法を行ってもらっているため、いろいろな方法を試すなかで参加者がそれぞれ自分に合った寝返りの方法を発見した、と結論づけたくなる。しかし、体幹の捻りが変化し腕や足の動作にも変化が見られるもの、体幹の捻りに変化が見られず動作に変化が見られた者、体幹の捻りには変化がないが動作に変化が見られる者と、その結果は参加者によってそれぞれ異なっていた。そこには、単純な予測のつ

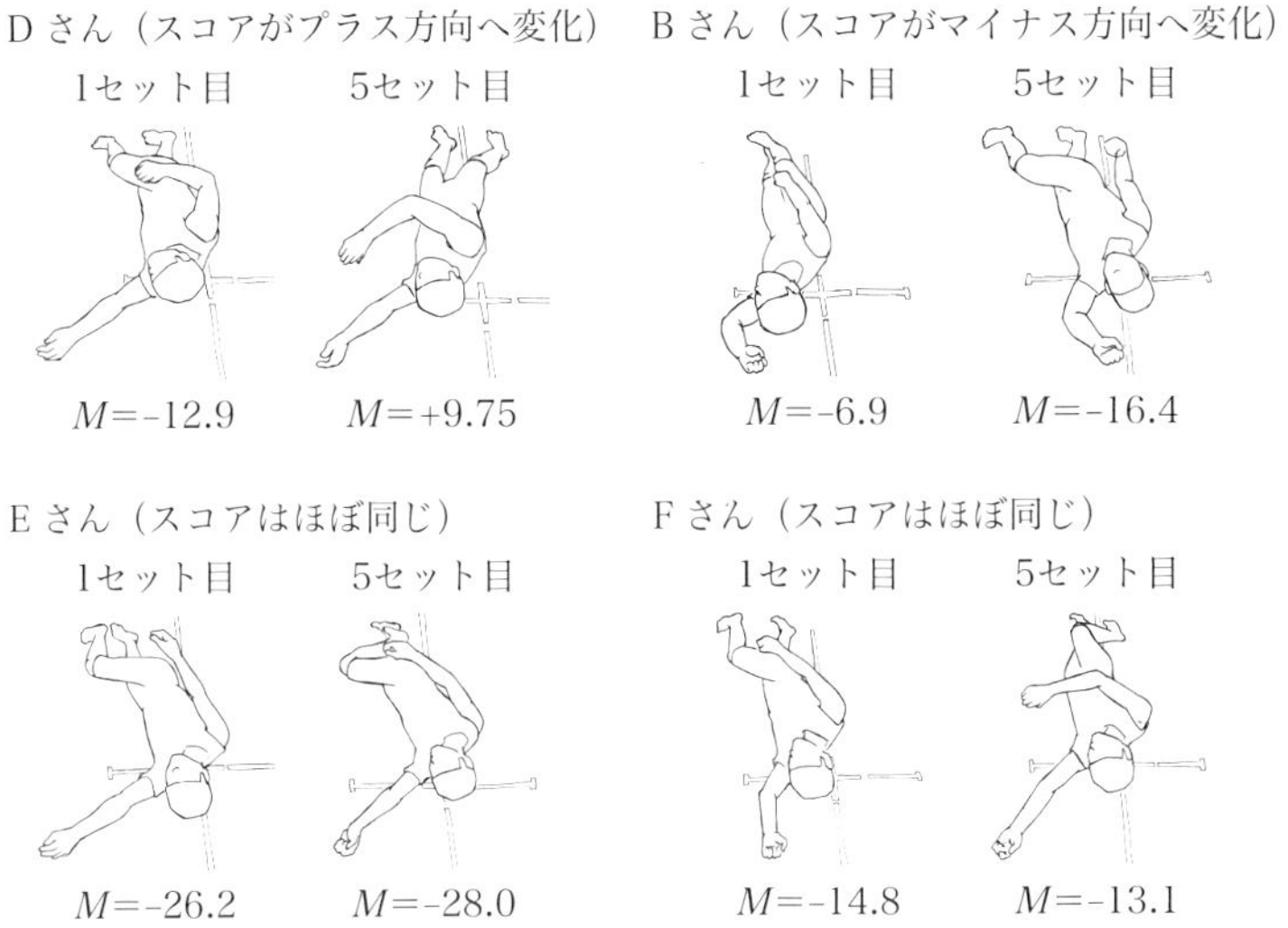

図1-5　1セット目と5セット目の寝返りの比較例
（山本，2013より一部改変）
M は各セットでのスコアの平均値。

かないような個の変化と不変化があった。

実験から見えた新たな個の問題

この実験から見えてきたことをまとめておこう。この実験で行ってもらった運動の課題、とくに膝を立てて寝返る方法では、参加者は一セット目で行った寝返りに応じて体幹の捻りを調整していた。部分的であっても課題の遂行に影響を与えている以上、寝返りに見られる動きの個性は観測者による恣意的なラベリングといった類のものではなく、観測者の外にある客観的な研究対象であると、ひとまずは考えられる。

　では、こうした寝返りに見られる運動の個は、どういったものなのだろうか。仮に、そうした運動の個が個人内にある不変な運動プログラムや身体的特性であり、個々人の運動を一律に制御、もしくは制約しているのであれば、どのような運動課題であっても一定の影響を及ぼすと考えられる。しかし、結果はそうした仮説を支持するものではなかった。膝を立てて寝返る方法と比べて足を振り出していく方法では動きの調整が弱く、腕を伸ばしていく方法にいたってはそうした調整がなされていないなど、その影響の度合いは課題によって異なっていたからである。

　また、五セット目で改めて楽なように寝返りをしてもらった時にどの参加者にも変化が見られないのであれば、運動の個は個人の不変的特性と言えるだろう。逆に、参加者全員に同じような変化が見られるのであれば、外部からの介入によって個は一様に変化すると結論づけることができる。しかし、参加者によっては変化することも変化しないこともあり、その結果は参加者それぞれにユニークなものであったとしか言いようがないものであった。

　この章の冒頭で、目の前の運動を詳しく観察すると、そこには個のようなものが見えてくる、と述べた。この実験をするまでは目の前のコップが周囲の物と明確に区別されてじっとそこにあるように、運動の個も確固として存在するようなものではないかと、どこかで私は考えていた。しかし、少なくともこの実験の結果を見る限り、運動の個はそういったものではないようである。それはいくつかの運動課題を行う中で、その姿を見せたと思えば見せないこともあり、また変化したり変化しなかったりすることもある。先に、運動の個は観測者の恣意的なラベリングなのではないのかという疑問をあげた。しかし、実験をしていく中で、そうした観測者の側の問題によるものではない特有の困難さを運動の個がはらんでいることが、おぼろげながらに見えてきた。

乳児の運動発達研究へ

　ここまで、成人の寝返りを対象にした実験から、運動の個という現象と、この現象が持つ固有の困難さを見てきた。こうした運動の個という問題が明確に研究の俎上にあがってきたのは、近年の運動発達研究の領域においてである。

　発達というと、例えば乳児が歩くようになるなどの、数か月、数年といった時間スケールで生じる大きな変化を思い浮かべる。こうした大きなスケールでの運動の変化がいかにして生じるのか、昔からさまざまな理論が提起され実証的な研究がなされてきた。

　多くの科学がそうであるように、発達研究の領域でも普遍性が重視され、万人に共通する発達のメカニズムや法則性が探求されてきた。それゆえ、個の発達は主題的な問題としては扱われてはこなかった。

しかし、近年、月や年といったスケールで生じる変化のもとには、日や週といったスケールで生じる変化、秒や分といったリアルタイムでの運動が入れ子になっており、それらがシームレスに繋がり一つの発達の流れを形作っているというように、運動発達をとらえる観点はシフトしつつある。こうした発達観のシフトとともに、個が普遍的な発達という現象に不可分に関わるのではないのか、という観点が提起されている。

こうした観点から、ここまで見てきた成人の寝返りにおける個の現象やその変化と不変化は、より大きな時間スケールで生じる変化に入れ子になったリアルタイムの運動における現象として、発達研究のなかに位置づけることも可能だろう。

先ほど発達観のシフトが生じたと述べた。しかしそれは首を挿げ替えるようにして唐突に生じたものではない。さまざまな時間スケールの入れ子として発達をとらえ、そして個を重視するという近年の運動発達研究の観点は、それまでの運動発達研究の理論的変遷のなかで生じてきたものである。それゆえ、その意義は過去の理論との関係を抜きにして考えることはできない。続くII章、III章では運動発達研究の歴史を追うことで、発達をとらえる観点がシフトし、運動の個という現象が研究の表舞台に上がってくるまでの経緯を見ていくことにする。

II章　運動発達研究の源流――カグヒル、ゲゼル、マグロー

現在の運動発達研究の理論枠組みはどのようにして成立したのだろうか。この章では黎明期の運動発達研究を開いた、カグヒル、ゲゼル、マグロー、三人の仕事を見ていくことで、運動発達研究の源流を探っていく。

Ⅰ章で見てきた運動における個の問題は、運動発達についての研究の積み重ねと理論の変遷の中で浮かび上がってきたものである。この章では個が研究の主題にあがる以前、乳児運動発達研究の黎明期の研究の流れをカグヒル、ゲゼル、マグローという三人のアメリカの研究者に焦点を当てることで紐解いていきたい。わずか三人のアメリカの研究者を取り上げるだけでは、運動発達研究の全体像を把握することはできないかもしれない。しかし、彼、彼女らの仕事は、互いに密接な関わりをもちつつも、それぞれがユニークで革新的な内容を含んでいる。三人の行った仕事とその関係を見ていくことで、運動発達研究の理論的な根幹部分は十分浮き彫りにすることができると思う。

1　カグヒルの発生研究

最初に取り上げるのはアメリカの発生学者、ジョージ・カグヒル（Coghill, G. E. 一八七一―一九四一）（図2-1）の研究である。ただ、彼自身は乳児ではなく、もっぱらトラフサンショウウオ（Ambystoma）の発生プロセスを研究していた。こう言うと、なぜ乳児運動発達研究の歴史にその名前が登場してくるのだ、と思う人もいるだろう。だが、彼の研究はアメリカにおける黎明期の乳児運動発達研究の流れを決定的に水路づけるものであった。

運動の発生と神経系の発生の並行関係

先ほど、カグヒルは発生学者だと述べた。発生と言うと球状の未分化な胚から次第に体の形ができていき、四肢の生えた成体になるまでのプロセスを思い浮かべる。カグヒルの著作を見てみると、まだ四肢の生えていないサンショウウオの幼生の姿や、鰓のあたりにとさかのような突起物が生える様子など、サンショウウオのさまざまな姿を描いた図版が示されている（Coghill, 1929/1972）。

しかし、カグヒルの著作で目を引くのは、発生プロセスのなかで見られるサンショウウオの動きを映写記録のコマ送りなども用いて丁寧に記録、紹介している点である（Coghill, 1929/1972）。カグヒルは摂食反応や鰓の動きなどさまざまな種類の動きを記録しているが、ここでは四肢が生える以前に見られる遊泳運動について取り上げてみよう。

図2-1　カグヒル

カグヒルによると、発生プロセスにおいて最初に現れるサンショウウオの動きは図2-2-2のように首のあたりを一方に曲げる動きだという。そして、この体を曲げる動きは発生プロセスが進むにつ

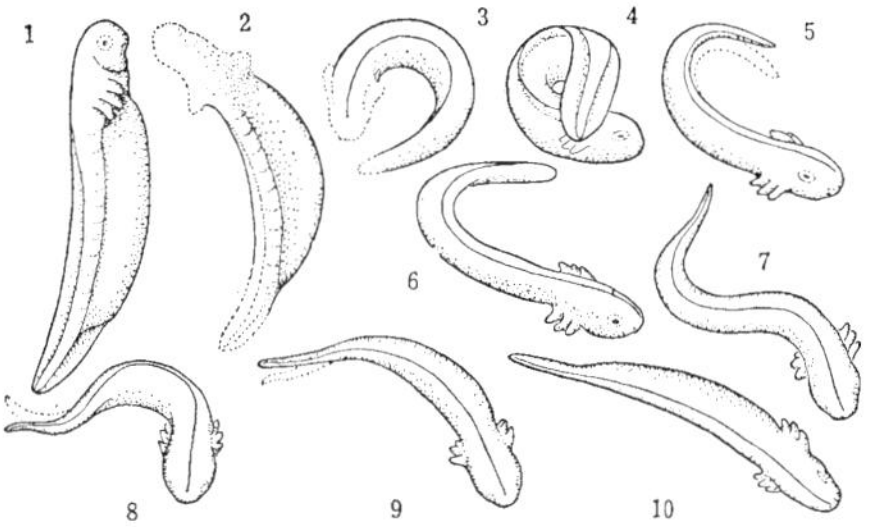

図2-2　サンショウウオの行った初期遊泳運動の映写記録を拡大，トレースしたもの
1：休止状態　2：はっきり見えないほど速く頭を左側に動かしている状態　3・4：コイル状になる　5・6：胴体の前の部分は真直ぐに戻っているが，後ろの部分では（頭側に始まった）最初の屈曲運動が生じている　7：その最初の（左側への）屈曲が尾の方に進んでいる間に，右側への屈曲が始まる　8：最初の（左への）屈曲はほぼなくなる　9：真直ぐにもどっていき，10の休止状態になる（図版，およびその解説文ともにCoghill，1929/1972より。解説文は拙訳。括弧内は筆者の補足）

れ徐々に大きなものになっていき、図2-2-3のようにコイル状に体を巻くようになる。その後、サンショウウオは別の方向にも体を曲げてS字型に体をくねらせるようになり（図2-2-7）、そして遊泳するようになる。

　このようにさまざまな動きが現れ遊泳するようになるまでの発生プロセスを、カグヒルは次の五つの段階に分けている。（一）不運動期、（二）初期屈曲運動期、（三）コイル期、（四）S型反応期、（五）S型運動完成期。このS型運動完成期にサンショウウオは遊泳を始める。このように、カグヒルは身体の形態的な発生プロセスだけでなく、遊泳運動などのさまざまな運動の発生プロセスを段階的に記述したのである。

　それだけでなく、カグヒルは初期屈曲運動期に運動器官の神経支配が始まることを確認

し、その後の発生の各段階で神経路がどのように形作られ各運動器官と接続されていくのか、解剖によって示している（図2–3）。こうした解剖学的なアプローチを並行して行うことで、カグヒルは、運動の発生プロセスが神経系の発生プロセスを直接反映しており、両者の間に対応関係があることを確認したのである。

カグヒルの研究でとりわけ重要なのは、一定の順序に従ってさまざまな運動パターンが発生していくことを示すとともに、その運動の発生プロセスと神経系の発生プロセスに対応関係があることを実証的に示した点にある。

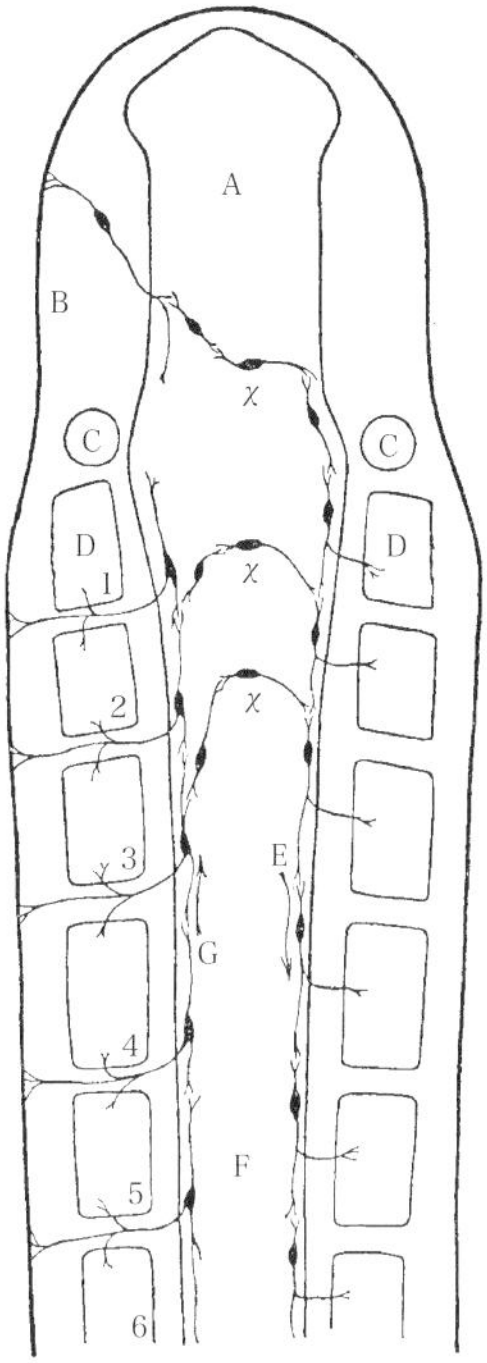

図2–3　サンショウウオのコイル運動の基盤となる神経接続の解剖図（Coghill，1929/1972より転載）
耳（C）より前方に与えられた刺激によって神経のインパルスが生じる。その神経インパルスはχの神経細胞を介して反対側の筋細胞へと伝達され，屈曲運動が生じる。この屈曲運動は頭から尾のほうへ進行していく。

全身運動の発生と分化

カグヒルの研究にはもう一つ重要な論点がある。カグヒルは前肢や後肢の局所的な反応についても発生プロセスを調べている。サンショウウオの前肢は、まず全身の遊泳運動に伴って動き始め、その一～二日後に全身の運動を伴わない前肢の部分的な動きが見られるとカグヒルは述べている。それと同じように、後肢や鰓の動きも最初は全身の運動に伴うようにして生じるが、その後、全身の動きが目立たなくなり、後肢や鰓の部分的な動きが現れるようになる。カグヒルはこうした運動発生プロセスも神経系の発生に起因していることを示している。

ただ、ここでより重要なのは、まず全身の統一された動きが発生しそこから四肢や鰓などの部分的な動きが分化していくという発生の道筋をカグヒルが示しているという点である。こうした全体から部分という運動の発生の道筋はカグヒルの多くの共同研究者の手によって、魚類や爬虫類、鳥類などでも確認されたようである（柘植、一九七二）。

要素還元主義とシステム論の萌芽

しかし、全身の運動に先立ってまず身体の部分的な動きが発生する、つまり全体が先ではなく部分から先に発生する、というカグヒルのものとは相対する学説も同時代に存在したようである（柘植、一九七二）。両学説の間には当然論争があったようだが、最終的にどちらの説が妥当なのか、門外漢の私には判断がつきかねる部分がある。ただ、ここでの論争は、部分を重視する要素還元主義と全体を重視するシステム論という、二つの科学的アプローチの対立という文脈から解釈することができるだろう。

要素還元主義的なアプローチは何かの対象の働きや性質を解明する際に、その対象を個々の独立した部分へと分解し、その部分の働きを明らかにしようとする。そして部分の働きを足していけば、それがそのままその対象の働きの解明になると考える。このように、物事の根本として部分を優先するため、自然現象においても、まず部分がありそこから全体が組み立てられているはずだ、という発想をとる。例えば、パブロフは猫が着地する動作を一連の反射の連鎖として描いている（Pavlov, 1927/1975）。

これとは逆に、システム論的なアプローチでは部分の働きをただ足していくだけでは全体の働きは説明がつかないと考える。部分の単純な総和では説明できないような全体性をもった自然現象はさまざまな領域で確認されている。ここではそのすべては紹介できないが、例えば、振り子の同期現象（蔵本、二〇〇七）、部分を押すだけで全体に変形が生じるテンセグリティ構造（Fuller, 1992/2007）などが挙げられるだろう。そのため、システム論的アプローチでは、全体性をもった振る舞いの観測や、それを可能にする全体と不可分な諸要素の相互作用に焦点を当てる。そして、要素還元主義とは逆に、部分より全体のまとまりが先立つはずだ、という発想をとる。

カグヒルの研究とほぼ同時代に提起された、ゲシュタルト心理学もこうしたシステム論的アプローチに与するものと言えるかもしれない。実際、カグヒルは著作のなかで、ゲシュタルト心理学を肯定的に紹介しつつ、自らの研究との類似性を認めている。

ゲシュタルト学派によれば、単一、純粋、もしくは要素的な感覚はそれ自体としては存在しない。そうした知覚を構成するために結合する単位などない。知覚は「地のうえの質（quality upon a ground）」であり、（言い換えれば）初めからまとまりをもった統一体なのである。意識された、見た目の上での個別の要素は、全体的な場（general field）から生じ、その場との関係性においてのみ存在する。このことは、有機体の運動の段階において、まとまりのある統合されたパターンのなかで部分的なパターンが程度の差はあれ個別化していくということと同じである（Coghill, 1929/1972, pp.87–88より拙訳。括弧内は筆者の補足）。

要素還元主義を批判し、全体性のある統一的な振る舞いを研究対象とするシステム論は、後にも見ていくように自己組織化現象の理論などのかたちで展開されていき、今日の科学的アプローチの大きな一つの流れになっている。その思想的萌芽は、カグヒルの研究にも認めることができるように思う。

ここまで見てきたカグヒルの研究は次のように要約できる。

A. 神経系の発生プロセスと運動の発生プロセスには対応関係が見いだされる。

B. 運動の発生は、統一された全身運動がまず発生し、そこから各身体部位の動きが分化していくというプロセスを経る。

カグヒルのこの二つの知見をそれぞれ引き継ぎつつ、アメリカで乳児の発達研究の領野を切り開いたのが、アーノルド・ゲゼルとマートル・マグローである。両者がカグヒルの研究をそれぞれどのように受け継ぎ、そしてオリジナルな運動発達研究を展開していったのか、見ていくことにしよう。

2　ゲゼルの運動発達研究──運動発達の現象的ダイナミクス

まずはアーノルド・ゲゼル（Gesell, A. L.　一八八〇──一九六一）（図2-4）の運動発達研究を見ていこう。

彼の研究は発達心理学や生理学の基礎的研究というよりは、乳幼児、小児の臨床的研究という側面を強く持っており、現在では数多くある発達検査法の基本的な枠組みに大きな影響を与えている。そのせいか、赤ちゃんは何か月までに何々ができるようになるべき、といった発達の規範を作り出した人物として、ゲゼルはやり玉に挙げられることがある（Adolph, Karasik, & Tamis-LeMonda, 2010）。

しかし、彼のどの著作をとっても、乳児の発達プロセスについてのくわしい描写がなされており、その記録の詳細さと量には圧倒されるばかりである（例えば、Gesell, Thompson, & Amatruda, 1934/1982）。単純でわかりやすい規範的な乳児の発達像の提示は、ゲゼルの仕事のごく一部でしかないのである。

発達へのシステム論的アプローチ

そうした膨大な乳児の観察記録を見ていくと、彼の研究は、乳児の発達をこうあるべきといった規範や、予め理論的に導出される発達段階にただ当てはめていくような類の研究ではないという印象を受ける。むしろ、乳児の複雑な発達プロセスをとらえる尺度をつくるために、ゲゼルはまず徹底した身体運動の観察と記述を行ったのである。晩年の著作には、彼の研究の動機とアプローチ方法のエッセンスが端的にまとめられている。やや長いが引用しよう。

乳児は内省し、話すことができない。（略）もし赤ちゃんがしゃべることができるなら、精神検査はどれほど簡単に行えるのだろう。しかし、子どもが言葉を理解し文章をしゃべるようになるまで精神診断を延期し続けるわけにはいかない。予防医学の観点から、われわれは次のように考えることにした。乳児は最初から心を持っており、それは観察可能なサインや兆候として自らを表している。（略）われわれは（上記の考えに基づき）客観的手法によって乳児研究を行い、次のことを確信するに至った。a．乳児は心を持つ。b．組織化という成長のプロセスを通して、乳児がその体を得ていくように、乳児は心も得ていく。c．乳児は統一されたアクション・システム

図2-4　ゲゼル

(action system) として発達する。d．このアクション・システムは、行動(behavior) のパターンとして現れ、この行動パターンは発達シークエンスに深く根ざした個体発生の法則に従っている。e．それゆえ、等級づけによる行動の機能テストは、成長するアクション・システムの成熟度と、基礎となる神経システムの統合性を測定するのに役に立つ (Gesell, 1952, pp.2-4 より拙訳。括弧内は筆者の補足)。

この引用文の前半で、ゲゼルは外部から観察可能な身体の活動から乳児の心にアプローチすると宣言している。この、「外部から観察可能」である身体の活動から心理的現象にアプローチするという研究手法は、ほぼ同時代に行動主義を提唱したワトソン (Watson, 1930/1968) と同じもののようにも見える。

ただ、ワトソンは外部から観察不可能な意識を内観という手法によって研究してきた当時の心理学への批判から、そうした手法を採用していた。これにたいしてゲゼルは発達における心身の一元論的な観点に基づきながらも、臨床的な要請からその研究手法を採用している。同じような研究手法を用いるとしても、その動機は両者で大きく異なっている。

異なるのは動機部分だけではない。ワトソンは身体の活動を分析する上で、外部から計測可能な一定の刺激にたいしてどのような反応が身体活動として現れるのかという、刺激―反応図式を用いていた。一方、先の引用文の後半にあるように、ゲゼルは身体の振る舞いを、アクション・システムという観点からとらえている。これは、今日に続くシステム論的なアプローチをゲゼルが採用していたことを示す直接的な証拠と言える。

力動的形態学

しかし、アクション・システムという観点から身体の振る舞い、そしてその発達をとらえるとはどのようなことなのであろうか。ゲゼルのシステム論的発想が明快に示されているのが、彼の「力動的形態学」のダイアグラムである。

形態学（morphology）は、ゲーテ（Goethe, J. W. v.）の造語であるが、ゲゼルはこのアイデアを花や骨などの物理的構造体だけでなく、身体運動へと（そして心にも）拡張し、身体運動がある形、パターンをとる、という意味で用いている（Gesell, 1946）。そして、カグヒルが遊泳運動を開始するまでのサンショウウオの発生プロセスに五つの運動パターンを特定したように、ゲゼルは映写記録などを用いつつ、さまざまな状況下での乳児の身体の動きを細やかに記述し、そのパターンを特定している。ゲゼルにとっての形態学とは、発達プロセスにおける身体運動の多様な形をとらえ、研究することなのだろう。

ゲゼルは図2-5の力動的形態学のダイアグラムによって、発達のダイナミクスのもとで

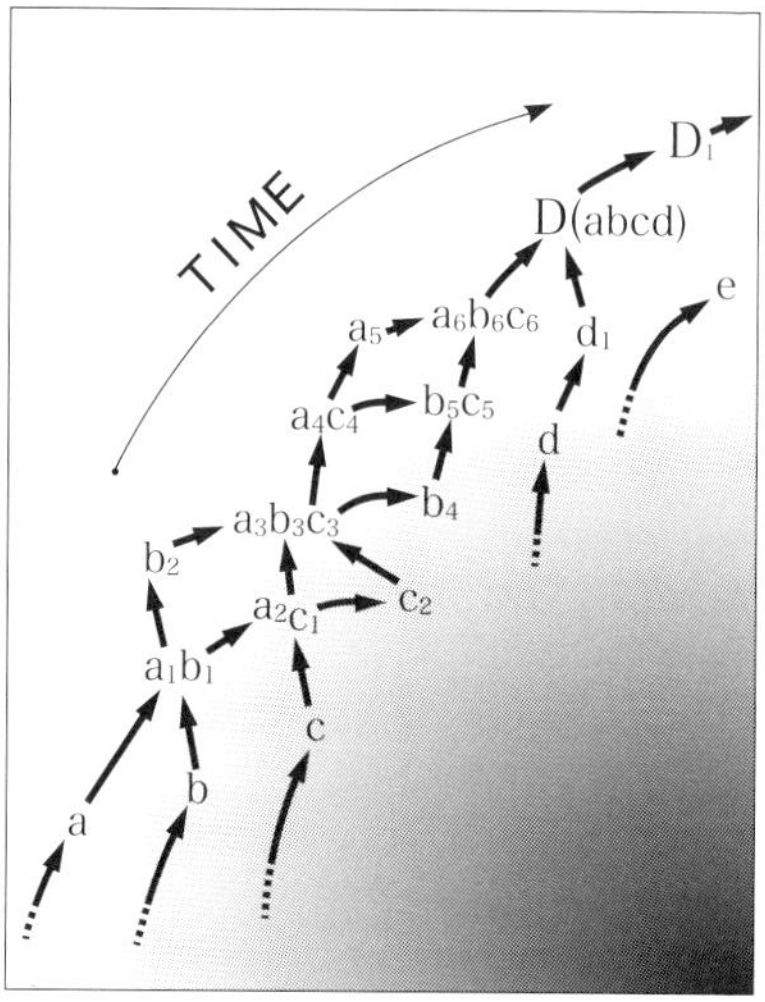

図2-5　力動的形態のダイアグラム
(Gesell, 1945/1980より作成)

どのように身体運動の多様なパターンが現れるか、模式図によって示している(Gesell, 1945/1980)。図2-5では小文字のアルファベットで複数の要素が示され、右下には小さく番号が振られている。この番号は時間の経過によってその要素が変化していくことを示す。そして、それらの要素はそれ自体変化しつつも、異なる要素と結びつき、そして分岐していくことが示されている。また、破線はその要素がまだ芽生えておらず潜在的な状態にあること、影の部分はそこにある要素は活動が抑えられ表面的に現れ出ていないこと、影の縁にある要素は明瞭に運動に現れていることをそれぞれ示している。このように、ある要素が主導的に運動に現れているときには別の要素は抑制されるなど、運動として現れ出る要素が繰り返し入れ替わっていくプロセスが図には描きこまれている。

　このようなプロセスを経たうえでさまざまな要素は協働し、大文字で示される運動パターンが発生する。しかし、その大文字にも番号が振られて矢印が延ばされており、それらが最終的な完成物ではなくそれ自体変化していくこと、それ自体も別の要素と結びつき再び分岐していく可能性が暗に示されている。

このダイアグラムでは、下位の要素の関係が時系列上で複雑に変化していくなかで、さまざまな運動が発生することが示されている。そのため、個々の独立した諸要素がまずあり、それらが組み合わさることで高次の運動が構築されるといった要素還元主義的な観点からこのダイアグラムを解釈することも可能かもしれない。しかし、ゲゼルはこのダイアグラムについて、諸要素を孤立したものとしてとらえその総和として発達を示すものではないこと、それぞれの要素は統一的なアクション・システムの中で発生する活動の諸特徴であることを強調し、要素還元主義的な解釈をしりぞけている。

うつ伏せの姿勢に見る運動発達のダイナミクス

力動的形態学のダイアグラムは理論的なモデルの提示であるが、そこで示された下位要素が協働・競合的に変化していくプロセスを、ゲゼルはうつ伏せでの運動発達研究において、最も鮮やかに示している（Gesell & Ames, 1940）。

ゲゼルは生後一週から歩行が開始するまでのうつ伏せの姿勢における乳児の運動の発達のプロセスを詳細に観察し、二三以上もの運動パターンを特定している（図２‐６）。ゲゼルは

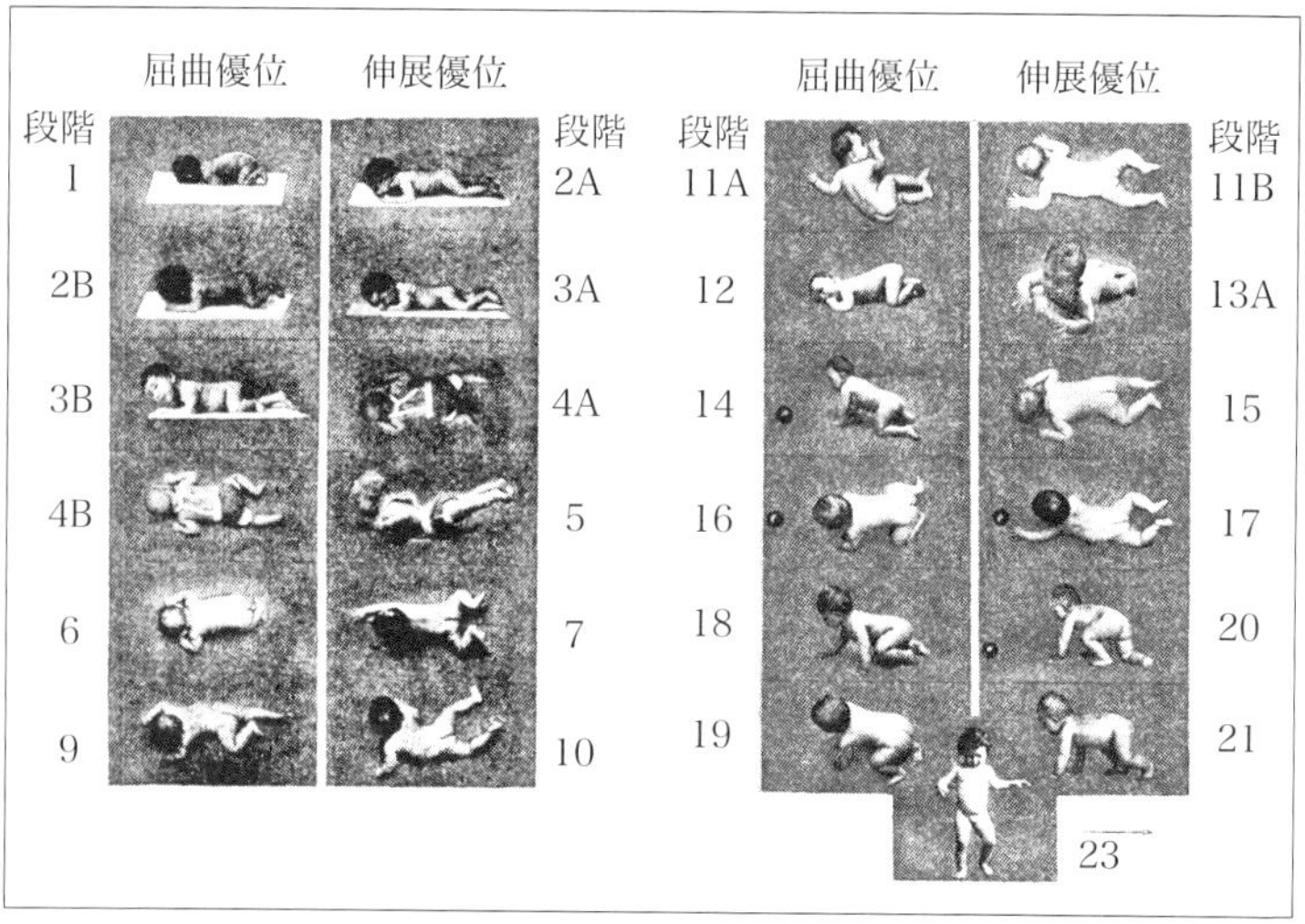

図2-6　うつ伏せでの行動の発達段階
(Gesell & Ames, 1940より転載)
二列に並んでいるもののうち，左は屈曲優位，右は伸展優位であることを示す。

きちんと条件を統制すれば、一から番号順に運動パターンが発生していくと述べている。この発言のみを取れば、ゲゼルが直進的で単純な発達段階論を主張しているように見える。しかし、詳細に乳児の運動パターンを特定・記述したこの研究は、発達という現象のもつ複雑さを十二分に示している。

　この研究のユニークな点は、そうして特定された多くの運動パターンについて、体を曲げる屈曲の動きが優勢にあるか（flexor dominance）、体を反らせる伸展の動きが優勢にあるか（extensor dominance）を判別しているところである。図2-6は各運動パターンについて、屈曲の動きが優位か、伸展の動きが優位かを判別し、それぞれの列に配置している。こうして判別、配置することで、相反的な対の要素の優位性が律動的に変動していきながらうつ伏せでの運動が発達していくことをゲゼルは示している。

また、図2-7はいくつかの類似した運動パターンを対象に、それが対称性の強い両側性(bilateral)の運動パターンなのか、非対称性の強い片側性(unilateral)の運動パターンなのかを判別して、先ほどと同じように左右の列に分けて図示したものである。他にもゲゼルは外転運動／内転運動、同側性の運動／対側性の運動、といった複数の対立軸から運動パターンを判別している。

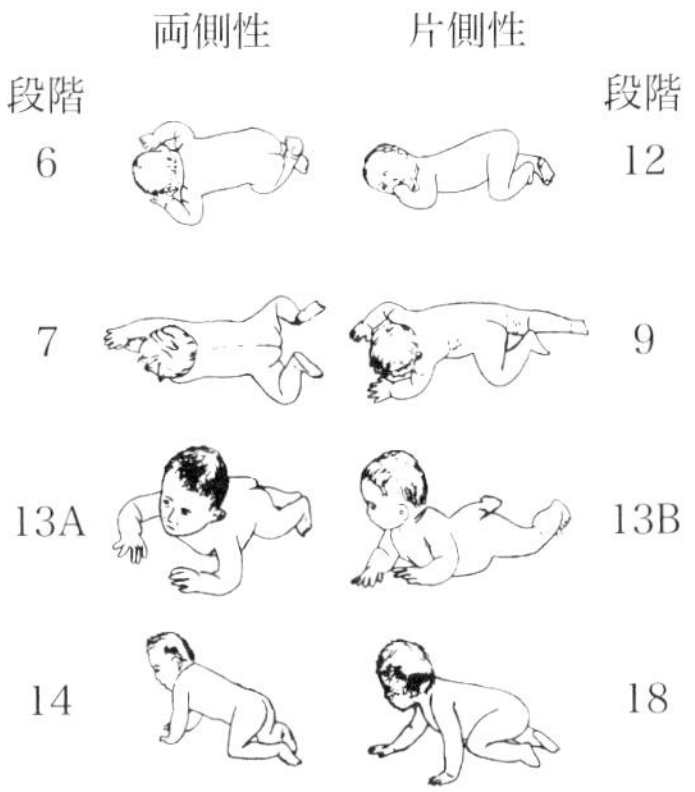

図2-7　類似した運動パターンにおける両側性と片側性の変動
(Gesell & Ames, 1940より転載)
左側が両側性であること，右側は片側性であることを示す。

これらの対立軸においては一方の要素、例えば伸展の動きが活発になるとそれと競合する屈曲の動きは抑えられている。他方で、その伸展の動きは別の対立軸の要素、例えば両側性の動きとは重なり合う。ある軸の運動要素は変動しつつも、その他の軸の要素の変動と重なりあうことでさまざまな運動

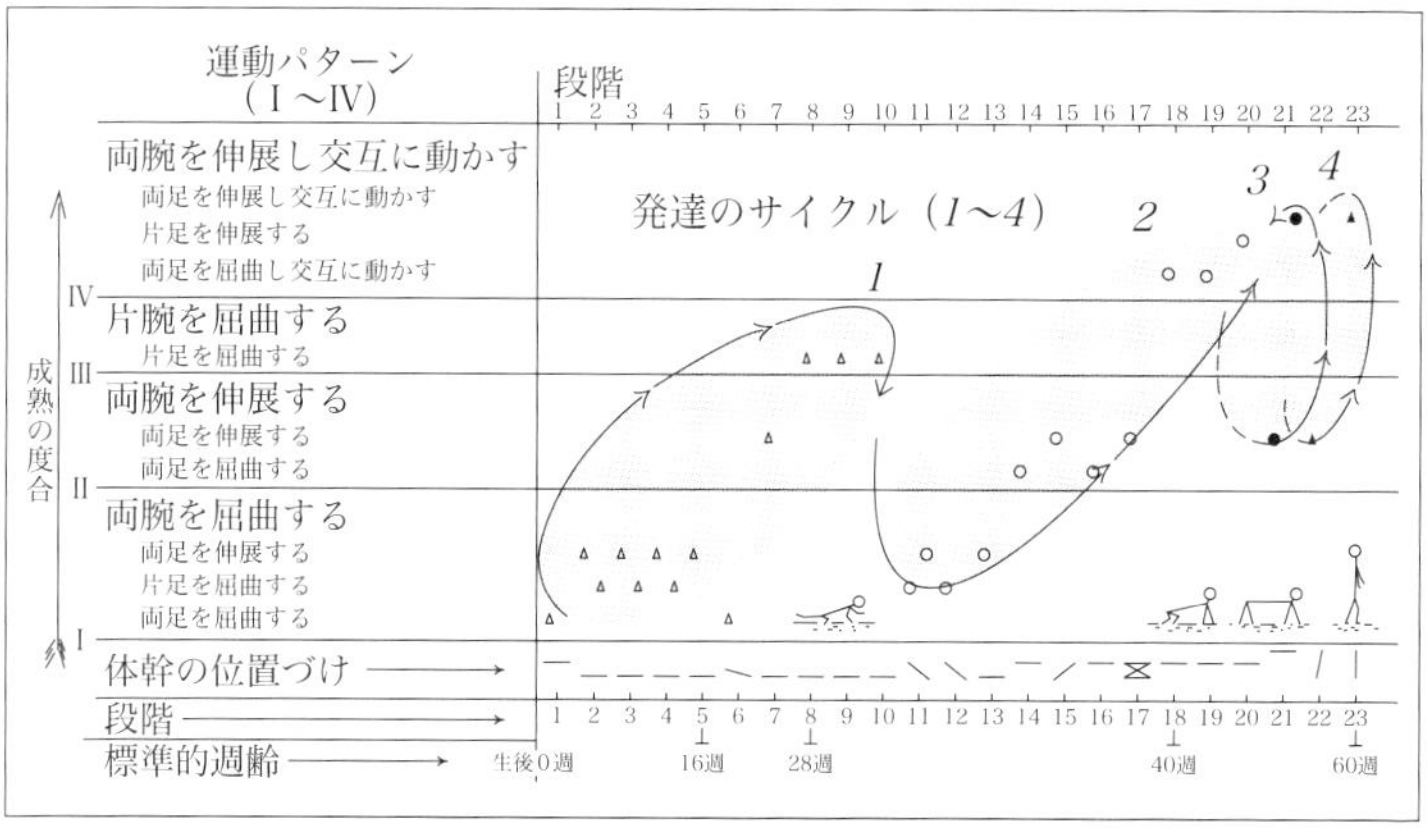

図2-8　うつ伏せでの行動の発達サイクル（Gesell & Ames, 1940より作成）
図の左端にある「成熟の度合」の矢印は，上にいくほどその運動パターンが歩行の運動パターンに近く，より高度なものになっていることを示し，下にいくほど運動パターンが生後すぐに見られる運動パターンに近いことを示している。また，歩行に至る発達プロセスは，大きく4つのサイクルに分かれており，△は1つ目，○は2つ目，●は3つ目，▲は4つ目，それぞれのサイクルに属していることを示している。

パターンが発生していく。このように、ゲゼルは競合的な対立軸にある複数の下位要素の変動が重なり合い、それらが協働することで全体性を持った多様な身体運動が発生することを示している。

さらに、特定した二三の運動パターンを発達の尺度にそってプロットしたのが図2-8である。この図では、乳児の運動発達は直進的に進むものではなく、上昇と下降を繰り返していく再組織化のプロセスであり、そうしたプロセスを経て歩行が始まることが示されている。こうした組織化のプロセスを、ゲゼルは「スパイラル状の再統合（spiral reincorporation)」と呼んでいる（Gesell, 1945/1980）。

また、発達という現象の持つダイナミクスについて、ゲゼルは「自己調整的変動（self-regulatory fluctuation)」という発達原則をあげ、別の側面から語っている。この原則においてゲゼルは発達が、運動パターンの安定性が崩れ変動が生じることで新たな安定した状態が探索され、そこから新たな運動パターンが生じるような動的なプロセスであることを指摘している（Gesell, 1945/1980）。このように、ゲゼルは発達には変動性（variability）が重要な役割を果たしていることを強調する。

今日のシステム論的な用語で言えば、ゲゼルは時系列上で変動していく複数の下位システムの相互作用から創発する身体の全体としての振る舞いと、その非線形的な変化のプロセスを詳細に検討したのである。

ゲゼルによるカグヒルの研究の受容と展開

ゲゼルはさまざまな著作でカグヒルの研究について言及しており、運動の発生原理を明らかにするものであると、その研究を高く評価している（例えば、Gesell, Thompson, & Amatruda, 1934/1982 ; Gesell, 1945/1980）。こうした評価からも、ゲゼルの仕事がカグヒルの仕事の影響下にあることがうかがえる。ここで、ゲゼルがどのようにカグヒルの研究を受容し、そして運動発達研究において展開していったのか、考えてみよう。

カグヒルの研究は、サンショウウオの発生プロセスではまず全身運動が発生し、そこから身体各部位の動きが分化していくことを示すものであった。一方、ゲゼルのどの研究を見ても、下位要素の時系列的な変化が示されることはあってもそれらが分化していくプロセスについては示されていない。ゲゼルは下位要素を分化していくものとしてではなく、あくまでもシステムの要素として扱っており、そこからシステム全体の振る舞いの変化を示している。つまり、ゲゼルはカグヒルの研究で示された部分よりもシステム全体の振る舞いのほうが先行して発生するという知見を、システム全体の振る舞いの重要性という意味において受容し、その全体の振る舞いを分析対象として運動発達研究を展開していったのである。

このように、ゲゼルはカグヒルの研究を正確に受け継ぎ、そして乳児の運動発達研究において展開していったとは言い難い部分がある。このことは、身体運動と神経系の関係のとらえ方にも表れている。カグヒルは神経系の発生と運動の発生に対応関係があることを示した。一方、身体運動に見られる全体性は神経系に重要な基盤を持っているとゲゼルは考えていたようである (Gesell, Thompson, & Amatruda, 1934/1982)。しかし、これまで見てきたような運動の発生に対応させながら、神経系の発生のプロセスを明らかにしていくような研究をゲゼルは行っていない。このことは、後で見ていくマグローの研究と比較するとよりはっきりする。神経系が形成される以前から有機体が電気力学的な極性などの差異をもちつつ全体の統一性を保持していることを強調していることからも（Gesell, 1945/1980）、ゲゼルにとってはシステムの全体の振る舞いが特に重要視されていると考えられる。

このようにしてみると、ゲゼルの研究はカグヒルの研究からは独自に展開されたものとみなされるかもしれない。しかし、当時のゲシュタルト心理学の知見なども参照しつつ、要素還元主義的なアプローチに対抗して全体性を重視するというカグヒルのシステム論的アプローチの思考の萌芽を、ゲゼルは運動発達研究において積極的に展開したとも言える。その意味で、ゲゼルはカグヒルの発生研究と現在のシステム論的な運動発達研究を結びつける重要な研究者として位置づけられるだろう。

一方で、ゲゼルは発達における有機体内の遺伝的要因の働きを重視する成熟論者として今日では位置づけられることが多い（藤永、一九九二）。実際には、ゲゼルは環境要因が発達に関与することを認めているのだが（Gesell, Thompson, & Amatruda, 1934/1982）、彼の有機体（遺伝）－環境要因の関係のとらえ方には理論的な不備があったと認めざるをえない部分がある。このことも、次に見ていくマグローの理論と対比することでより明確になる。この点に留意しつつマグローの研究を紹介していきたい。

3　マグローの運動発達研究——発達における有機体と環境の絡み合い

次に見ていくのはマートル・マグロー（McGraw, M. B.　一八九九―一九八八）（図2-9）の運動発達研究である。

ゲゼルよりは一回り若い研究者ではあるが、彼女の仕事はゲゼルとともに運動発達研究の古典とくくられることがある。しかし、これから見ていくようにゲゼルとマグローの間にはいくつもの理論的相違点があり、両者は異なるアプローチで研究を行っていたと考えたほうがよい。

マグローの研究は、彼女が残した二冊の著作、*"Growth: A study of Johnny and Jimmy"* (McGraw, 1935)、*"The neuromuscular maturation of the human infant"* (McGraw, 1989（註1））にほぼ集約されている。ここではそれぞれ著作の内容を順に見ていき、最後にマグローの発達研究の全体像を整理していきたい。

図2-9　マグロー

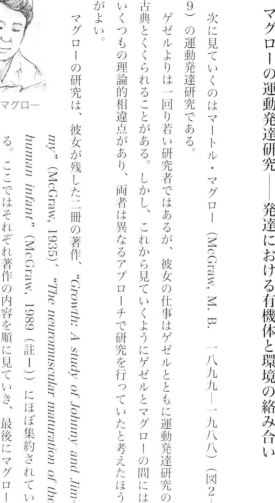

一九三五年の著作の思想的背景

マグローの一九三五年の著作 *"Growth: A study of Johnny and Jimmy*（成長——ジョニーとジミーの研究）"はその表題からうかがえるように、ジョニー、ジミーと呼ばれる双子の発達プロセスの縦断的な研究である。

この著作の内容を詳しく見ていく前に一つ触れておきたいことがある。それは、この著作の冒頭部分で、哲学者のジョン・デューイ（Dewey, J.）が執筆中に何度も草稿に目を通してくれたとマグローが謝辞を述べており、さらにこの本のイントロダクションをデューイが執筆しているという点である。デューイによるイントロダクションから、マグローのこの著作の内容に特に関連すると思われる箇所を引用しておく。

物理学における「場（field）」の概念、生物学における「有機体説の（organismic）」概念、心理学におけるゲシュタルト理論（gestaltism）、これらと関連して、変化についての単なる要素分解的な（analytic）研究から得られる結論にたいして最近不満の声が多くみられるようになってきた。子どもの発達（の領域）について言えば、この不満

註1　本書ではマグローの晩年の論文なども収録した再販本を参照したが、初版の発行は一九四五年である。

は「子ども全体（whole child）」についての研究が切望される、というかたちで表れていた。つまり、個々人は、独立した要素に分解された各部分が比較されることでその他多くの子どもとの共通点として見いだされる「規範（norm）」と比較されるのではなく、その子どもの総体において研究されるのである（McGraw, 1935, p.x より拙訳。括弧内は筆者の補足）。

また、「基本となるアイデアは、すべての発達は有機体と環境条件の相互作用の問題だということである」（同書 p.xi より拙訳）とも述べている。

プラグマティズムの代表的思想家とも言われるデューイがどの程度マグローの研究に影響を与えたのか、哲学を専門としない私には正確に測りかねる部分がある。ただ、先に紹介したゲシュタルト理論についてのカグヒルの見解や先のデューイの言葉から、二〇世紀前半、要素還元主義に対する批判からさまざまな領域で新しい科学的アプローチが次々に提起されていたことは想像に難くない。そうした科学的潮流の中でゲゼルやマグローは研究を行い、そして自身の理論を展開していったのではないのだろうか。

マグローは何を検証しようとしたのか？

話がやや脇道にそれたが本筋に戻ろう。*"Growth: A study of Johnny and Jimmy"* の冒頭で、マグローは、まず乳幼児の行動の発達プロセスを示し、そして乳幼児期の行動発達の変容（modification）を調査する、という研究の課題を設定している。注意したいのは、ただ発達プロセスを示すだけでなく条件を変えることでどのように発達プロセスが変容するのか、マグローが検証しようとしている点である。

マグローがどのような問題意識のもとでこうした課題に取り組んだのか、さらに詳しく見ていこう。マグローは著作中で先ほどのように課題を設定したうえで、当時の実験発生学の知見をいくつかまとめている。そのうちの一部を抜粋しよう。

- 発達は有機体と環境の間のエネルギー流動から生じる。
- 適切な状況であれば異なる環境要因でも有機体に同じ変化が生じる。逆に、有機体に同じ変化を常に引き起こすような環境要因はない。
- 有機体やその器官の発達には、変容にたいして最も感受的な臨界期（critical period）がある。

これに関連して、マグローは温度変化などの外的変化を適切な時期にくわえることで、不変とされていた遺伝形質に変化が生じたという当時の発生学の研究結果を引用している。ここで注意しなければならないのは、同じ実験的操作を行っても、適切な時期を過ぎると同じ発達的変化は生じないということである。こうした介入に適切な時期を、マグローは生物学から用語を援用し、臨界期と呼んだ。

さらに、マグローは遺伝形質と獲得形質は根本的には同じものであり、個体発生のプロセスのなかで不変性を得る時期の違いから両者が区別されるだけだと主張している（McGraw, 1935）。

このことについてもう少し詳しく考えてみよう。個体発生のごく初期、例えば母体内である形質が不変なものになったとしたら、その後いくら外部の環境条件などが変わっても、その形質は変化しない。それゆえ、遺伝的に備わった不変の形質のように見える。一方、その形質が現れて不変なものになるのが幼児期や成人期であれば、それまでの環境条件などの変化によってその形質が現れないこともあるかもしれない。それゆえ、そうした形質は環境条件などによって影響もしくは学習される、獲得的な形質に見える。しかし、不変性を得るタイミングが違うだけで、遺伝的とされる形質も環境条件の影響を受けている可能性は大いにあるし、誕生以前の極めて早い時期の環境条件の変化によって変異したり、現れたりしないこともあるだろう。そして、こうした理論的な見解を支持する結果が当時の発生学の研究に示されたとマグローは考える。重要なのは、こうしたマグローの理論的観点では発達につきまとう遺伝か学習か、内的要因か外的要因か、といった二分法的な問題は実質的に解消されている、ということである。

一方、ゲゼルも著作のなかで当時の発生学の研究結果を引用している。ゲゼルは、適切な時期に他の場所から移植された細胞片は周囲と同じ器官になってしまうが、一定の時期を過ぎると細胞片は安定性を得て移植されても周囲に馴染まずそのまま発生が進んでいく、という結果を引き、成長の現れを制限する根本的な安定化の機構が存在すると主張している(Gesell, Thompson, & Amatruda, 1934/1982)。同時代の発生学の知見を参照しつつも、ゲゼルは発生の安定性を強調している。それにたいして、マグローは有機体の内的要因、環境などの外的要因、どちらか一方から発達が決定されるという論を避け、時間軸上で推移する両者の相互作用から発達の可変性を強調している。

双子の発達研究で示されたこと

このように環境条件との相互作用による発達の可変性を強調した理論的観点を打ち出した上で、マグローは外部からの介入が発達プロセスにどのように影響するのか、検討しようとしたのである。この研究目標に従って、彼女はジョニー、ジミーと呼ばれる一卵性双生児を対象に縦断的な研究を行った。生後まもなく、彼らは週五日、九時から一七時まで研究所に預けられるようになり、発達プロセスの観察記録や活動の統制などが行われた。特に、ジョニーにはある決まった運動や課題に繰り返しチャレンジさせる練習を課したが、ジミーにはそうした特別な練習は課されなかった。

この研究をまとめた一九三五年の著作で、マグローは研究対象となるさまざまな運動を、系統発生的なものと個体発生的なものに分類し、調査している。系統発生的な運動は進化的な起源をもち人間という種を特徴づけるものとされ、モロー反射、把握反射、寝返り、ハイハイ、座位、リーチング、歩行などが挙げられる。一方、個体発生的な運動は人の通常の活動に必須ではなく個々人が任意に獲得する運動とされ、斜面の昇降、台からの降下、スケート、踏み台の操作などが挙げられる。

各運動課題の練習は、ジョニーがその運動の兆候を示したときや、その運動を誘うような行為に興味を示した時に始められた。図2-10は、実験の様子を撮影したものである。映像資料も残っており、それを見るとさまざまな状況下で二人とも懸命に課題にチャレンジしているが、課題によってはパフォーマンスに明らかな差が出ていることを確認することができる。こうした縦断的な研究の結果、次のことが示された。

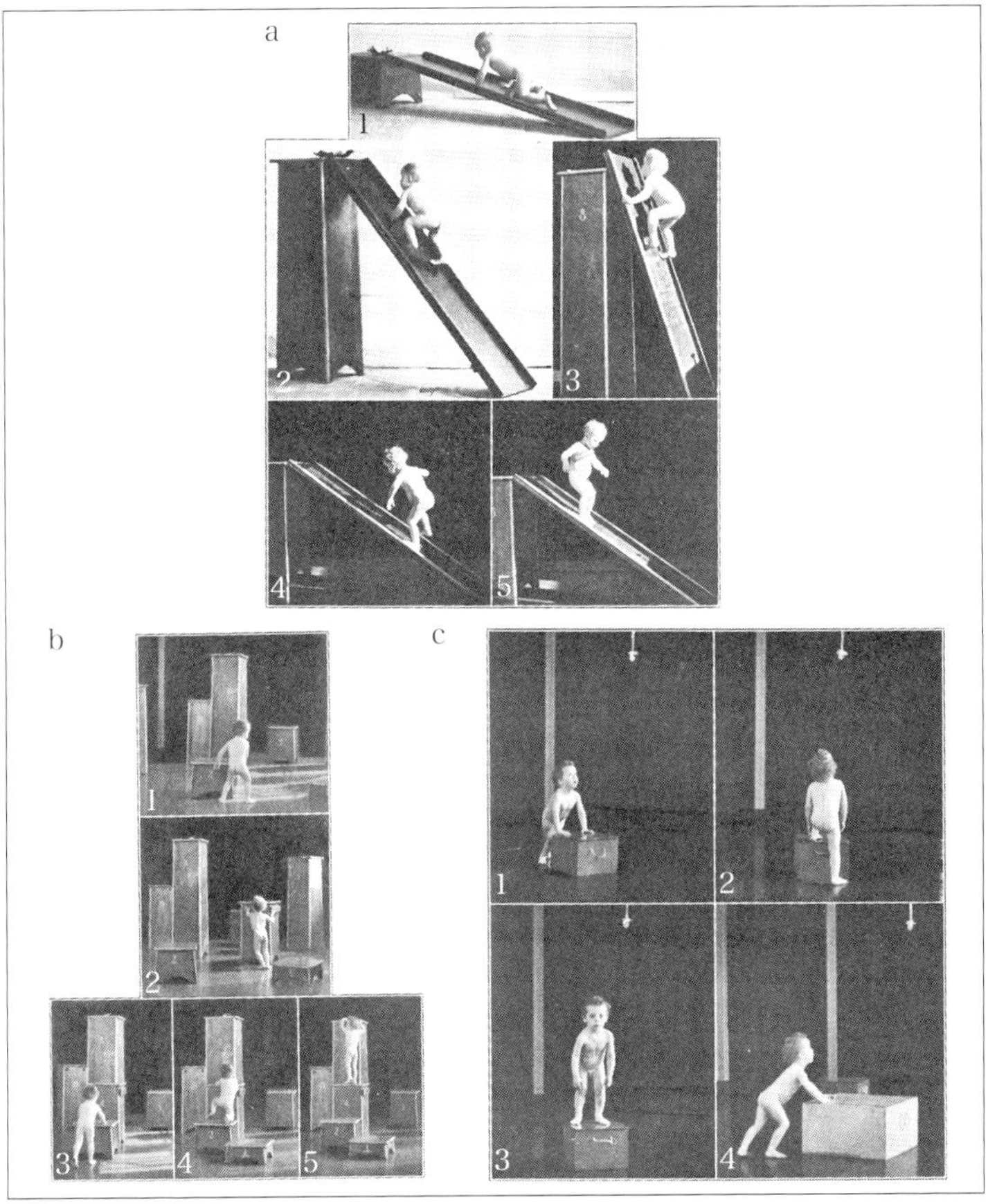

図2-10　実験中のジョニーとジミーの様子（McGraw, 1935より転載）

上段 a の写真は滑り台の昇降課題でのジョニーの様子。8か月中頃に11度の傾斜の滑り台を上り始め（a-1），10か月には48度（a-2），21か月には70度（a-3）の滑り台を上るようになる。また，13か月では32度の滑り台を歩いて上り下りしている（a-4,5）。
下段 b は26か月のジミーが踏み台の操作課題に取り組んでいる様子。一番高い台の上にある玩具を取るために，踏み台を選びながら活発に運んでいる（b-1～5）。
下段 c は同じく26か月のジミーが箱の操作課題に取り組んでいる様子。天井からつられた玩具の下に箱を持っていくが，届かない（c-1,2,3）。その後別の大きな箱を持ってくるものの，箱を重ねるという発想はない（c-4）。

・細かな違いはあるものの、系統発生的な運動では発達の進行具合に大差がなかった。これは、並行して調査していた他の乳児との比較からも言えることであった。

・系統発生的なものより後に発生することの多い個体発生的な運動は、系統発生的な運動と比較して練習の効果が顕著であった。

こうした結果を確認した上で、マグローは二二か月以降ジョニーの練習は中止し、今度はジミーにジョニーに課したのとほぼ同じ量の練習を課してみた。練習という外部からの介入の効果を、介入時期との関係から検討するためである。仮に、ジョニーとジミーのパフォーマンスの差がなくなるのであれば、外部からの介入はその時期に関係なく同じように発達に影響を与えることになる。しかし、同じ練習量にもかかわらずパフォーマンスに差が出るのであればその介入を行うのに適切な時期があるということになる。

この追加調査は、斜面の昇降、ローラースケートなどの一部の個体発生的な運動を対象に行われた。結果、ジョニーのパフォーマンスのほうがジミーより優れていたことが示された。この結果から、長い期間活動が制限された場合はその補填が困難になること、逆に特定の運動の兆候が見られる発生初期が外部介入の最も効果的な時期なのだろう、とマグローは考察している。

マグローとゲゼルの分岐点

有機体と環境の関係ついて、ゲゼルは成熟が進んでいくことで外部からの介入を受け入れ環境に適合するための「前準備性（fore-reference）（註2）」が有機体内に形成されていき、それに応じてさまざまな環境要因が発達に関与していくようになると考えていた。しかし、この前準備性が形成されていくプロセス、「成熟（maturation）」はもっぱら内的要因に起因するものと考え、環境要因が関与することは考えていなかった。時間経過に従って変化するような有機体の内的要因と環境の外的要因の相互作用を理論的には想定しておらず、ゲゼルは両者の間には絶対的な境界を引いていたのである（Gesell, Thompson, & Amatruda, 1934/1982 ; Gesell, 1945/1980）。

一方、マグローは環境要因の発達への影響が運動の種類によって異なること、また、同じ運動の種類、環境要因であってもタイミングで影響は異なり、場合によっては時期を過ぎると発達への影響が弱くなることを実証的に示したのである。

ゲゼルが発達研究に成熟の概念を導入した背景には、環境要因を重視した当時の行動主義

註2　現在の心理学では、「前準備性」ではなく、ほぼ同義の「レディネス（readiness）」という言葉が用いられる（鹿取・杉本・鳥居、二〇一一）。

の台頭があったと、マグローは指摘している（McGraw, 1935, 1946）。行動主義者の提唱者でもあるワトソンは、親がどのような能力や職業であったとしても養育の条件をきちんと整えて訓練すれば子どもをどんな職業でも就かせることができる、と述べている（Watson, 1930/1968）。これにたいして、ゲゼルは発達が環境要因だけで決定されると考えず、有機体の内的要因として成熟という概念を発達理論に導入したのである。

しかし、このように有機体の内的要因を強調することが当時の状況から必要なことであったとしても、それに輪をかけて有機体の内的要因と環境要因の間に絶対的な境界を設け、環境に対する有機体の内的要因の不易性を理論的に仮定することは、後に成熟論者とレッテルを貼られることになっても致し方ないゲゼルの理論的短所であったのではないのだろうか。

それにたいして、マグローは有機体―環境間の相互関係が時系列上で変化するという理論的前提をおき、さらにその相互関係の変化を実証的に検証した。その意味で、マグローはゲゼルの問題提起から進み、優れた理論的考察、研究を行ったと言える。

一九四五年の著作のテーマ――神経系の形成と運動発達

一九三五年の著作にたいして、マグローの一九四五年の著作 *"The neuromuscular maturation of the human infant*（人間の乳児における神経―筋の成熟）*"* では、神経系の形成プロセスと特定の運動機能の発達プロセスとの関係が主題的に扱われている。この著作の冒頭では、動物実験や症例研究から示されてきた神経系の構造と運動機能の対応関係を、乳児の発達プロセスにおいて明らかにしていくという目的が掲げられている（McGraw, 1989）。神経系の発生と運動の発生の対応関係を調査した初期の研究者にカグヒルの名が挙げられていることからも、マグローがこの研究の主題をカグヒルから受け継いでいることは明らかである。

神経系と運動の対応関係を調査するにあたっては神経系の構造と運動機能、この両方の観測が必要になる。しかし、マグローが研究していた時代では、人間の神経系の形成プロセスを調査する手段は非常に限られていた。そのため、マグローは当時の研究の知見を参照しつつ、次のように暫定的な理論モデルを提案している。

1．中枢神経系は大脳皮質と皮質下の神経核の二つに大きく区分される。皮質下はより原初的な部分であり、形成プロセスも早く進んでいる。
2．誕生の時点では大脳皮質は運動を制御するほどには機能しておらず、新生児の運動は皮質下に仲介されている。
3．いくつかの機能は生涯を通して皮質下の制御下にある。

4. 新生児のいくつかの特徴的な運動は人間には有用性のない、系統発生的な剰余機能である。
5. 大脳皮質は形成されていくにしたがって運動機能を制御するようになり、皮質下の活動を抑制するようになる。
6. 運動の全般的な発達は皮質の形成に関係している。皮質の形成は特定の運動の抑制と、その他の運動の統合や創発に反映される。
7. 発達は頭尾方向に進む傾向がある。
8. 大脳皮質の形成は均一に進むわけではない。生後すぐの段階では脊椎上部の筋に関する運動領域がもっとも進んでいることが示唆されている。

(McGraw, 1989, pp.7-8 より拙訳)

このように中枢神経系の形成プロセスと運動機能の発達の対応関係について理論モデルを仮定した上で、マグローはモロー反射、把握、這行などのさまざまな運動機能の発達プロセスについて調査し、運動機能ごとに発達プロセスを三〜九の段階に区切っている。

図2-11はマグローが挙げる、歩行、うつ伏せでの移動の発達段階である。単純な比較はできないが、中枢神経系の形成プロセスと対応づけるという目標があるためか、ゲゼルの挙

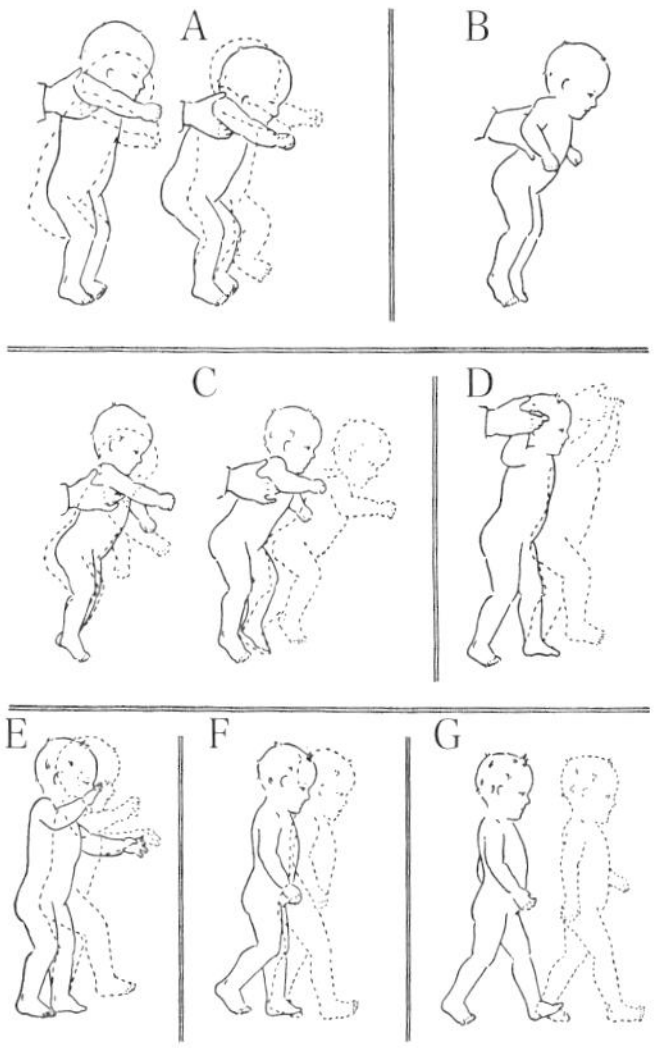

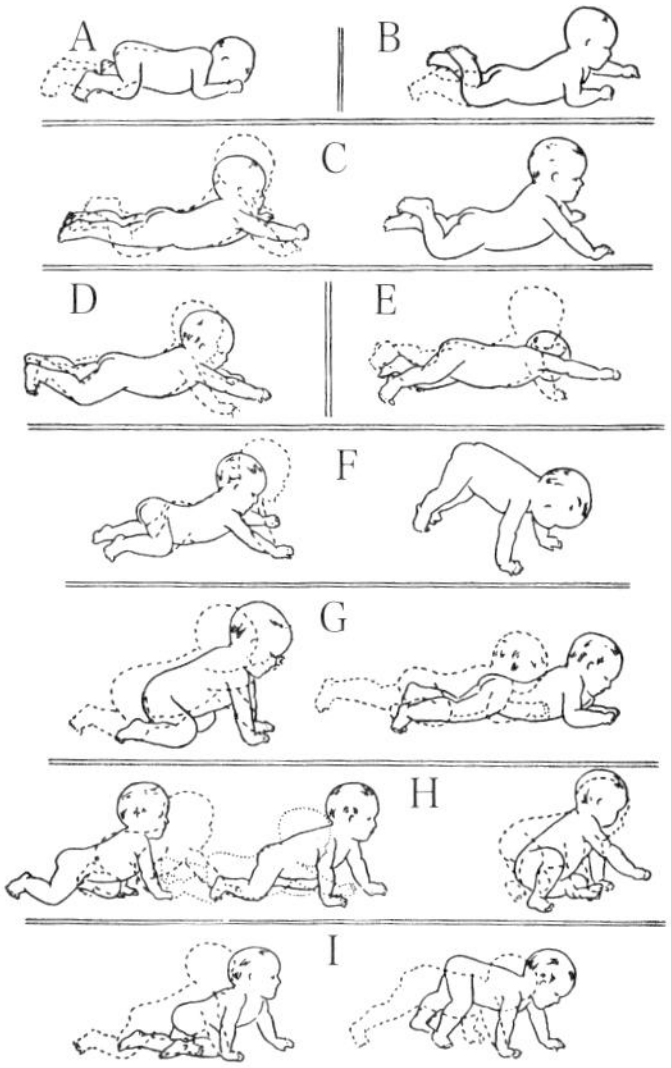

図2-11　マグローの挙げる歩行の発達段階（左），うつ伏せでの移動の発達段階（右）（McGraw, 1989より転載）

げるうつ伏せの運動パターンの発達段階よりも簡潔な段階分けがなされている。このように発達段階を特定したうえで、七〇名以上の乳児を対象に各発達段階の生起頻度の推移を調べ、その調査結果を上記の理論モデルから検討している。

こうした検討からマグローは、運動機能がどの中枢部位に制御されているのか、また皮質の形成がどのように進み原初的な運動パターンが抑制されるのか、推察している。これによって発達プロセスにおける神経系と運動機能の対応関係を示そうとしたのである。

マグローのこの研究は発達段階の

生起頻度の推移を見るものであるため、発達を直進的にとらえているという印象を受ける。しかし、マグローは一九四五年の著作の中で、ある段階から次の段階への移行プロセスには前進と後退を含む振幅的な変動（variation）が見られること、より機能的な発達段階に移行する際にはそうした変動が大きくなることを指摘している（McGraw, 1989）。ゲゼルと同様、マグローも発達が直進的に進まないこと、発達における変動性の役割を認識していたと考えられる。

マグローの研究の全体像

ここまでみてきたように、一九三五年の著作は有機体と環境の可変的関係、一九四五年の著作は神経系の構造と運動機能の対応関係と、研究の主題は大きく異なっている。そのため、一見するとこの二冊の著作はそれぞれ異なる理論的視座に立って書かれたかのような印象を受ける。

ただ、丁寧に読み込んでいくと、四五年の著作も有機体と環境の関係について三五年の著作と共通した理論的視座に立っていることがわかる。例えば、マグローは四五年の著作の中で、練習や訓練によって機能の改善が見られる時期とある特定の運動機能に皮質が関与し始める時期が一致すると述べ、このことを臨界期の概念から論じている。こうしたマグローの議論は、系統発生的な運動より後に発生する個体発生的運動のほうが練習の効果が大きいという三五年の著作の結果、議論と重なる部分がある。

また、マグローは三五年の著作で特定の運動を繰り返す練習を双子に課したが、四五年の著作では新たな運動機能を獲得し始める時期に乳児はその運動に関わる活動に固執し、自発的に繰り返すことを指摘している。逆に、そうした特定の活動へ固執する時期は、教育的な介入も高い成果が挙げられると予想される。このように、マグローは四五年の著作においても、成熟―学習、有機体―環境という二項の関係を、単純に切り分けることができるものというよりは、相互に入り組んだものとしてとらえている。

マグローは四五年の著作の最終章で成熟と学習の関係を次のようにまとめているが、これを三五年の著作の内容も含めた、マグローの理論的全体像の要点であるとも解釈できるだろう。

1．神経系の機構が準備状態にある前に特定の活動の訓練を行っても効果はない。

2．新しく発達する機能の練習は、成長のプロセスに本来的に組み込まれている。そして、適切な時期に十二分に機会が与えられれば、特定の機能の達成は通常予想されるものを超えるだろう。

3．神経―筋の組織化のあるタイプから別のタイプへの移行期間は、しばしば無秩序や混乱として特徴づけられる。

4．亢進、退行、消沈、抑制、これらは有機体の成長における統合的部分であり、複雑な行動の発達においてもまた機能していると十分に考えられる。

5．成熟と学習は異なるプロセスではなく、根本的な成長プロセスの異なる側面でしかない。

6．乳児が特定の教育的措置にたいして準備状態にあるということは、神経メカニズムの成熟を反映する、ある種の行動の「シグナル（signals）」や、行動の「シンドローム（syndromes）」に示される。

（McGraw, 1989, p.107 より拙訳）

総合すると、マグローはカグヒルの神経構造と運動機能の対応関係の解明という枠組みを踏襲しつつも、神経系形成プロセスにおける有機体と環境のダイナミックな相互関係を明らかにしようとしていたと考えられる。また、時系列上での関係の変化という観点を導入することによって、実証的な研究が可能な形で成熟と学習、遺伝と環境といった二分法を解消する、きわめて先見性のある理論的視座をマグローは持っていたと考えられる。

4　古典研究のまとめ

ここまでカグヒル、ゲゼル、マグローの研究をそれぞれ見てきた。その内容を簡単にまとめておこう。カグヒルによるサンショウウオの発生研究から得られる知見は、A．神経系の発生プロセスと運動の発生プロセスには対応関係が見いだされる、B．運動の発生は、統一された全身運動がまず発生し、そこから各身体部位の動きが分化していくというプロセスを経る、という二つの点に集約でき（29頁参照）、その知見はゲゼル、マグローの運動発達研究に大きな影響を与えていた。

ゲゼルはカグヒルの研究のB．の知見を受け継ぎつつも、それをシステムの全体性を持った振る舞いの重要性という意味において受容し、下位システムの変動からシステム全体の振る舞いの発達的変化を明らかにしていくというシステム論的なアプローチを展開していった。ただ、ゲゼルはそうしたダイナミックなモデルの適用を有機体内に限定し、発達における有機体と環境のダイナミックな関係性については考慮していなかった。

一方、マグローはカグヒルの研究のA．の知見を引き継ぎ、サンショウウオの研究で見られた神経系の形成プロセスと運動発達プロセスの対応関係を、乳児の発達プロセスにおいて明らかにしようとした。また、彼女は生物学における臨界期の概念を用いつつ、ゲゼルが考慮していなかった有機体と環境のダイナミックな相互関係に着目した理論枠組みの提示と実証的研究を行った。総合すると、マグローは有機体と環境のダイナミックな相互関係によって生じる、神経系の構造と運動機能の発達的変化のプロセスを明らかにしようとしていたと考えられる。

このように、二〇世紀前半のアメリカの運動発達研究はカグヒルの研究に端を発しつつも、そこからゲゼル、マグローが異なる部分を引き継ぎ、それぞれがユニークな実証研究と理論を提示するかたちで展開されていった。ただ、ゲゼル、マグローの研究はそれぞれが運動発達研究にとって重要な論点を含んでいるものの、両者の理論は分岐したままである。ゲゼルの理論からは発達プロセスにおける有機体と環境間のダイナミックな相互作用は除外されているし、マグローの理論では神経系と運動の対応関係が重視されているためか、運動の下位システムの相互作用にはアプローチしにくい。

こうして分岐しつつ展開していったゲゼルとマグローの理論は、その後も分岐したままなのだろうか。また、「個」はいかにして研究の表舞台に上がってきたのであろうか。III章ではそれ以降、一九八〇年代以降の運動発達研究の流れを見ていくことにする。

III章　運動発達研究の再興——テーレン

ゲゼル、マグローらによって開かれたアメリカの乳児運動発達研究は、その後どのように展開し、そして個という問題に突き当たったのだろうか。ここでは一九八〇年代以降に活躍した、エスター・テーレンの運動発達研究を見ていく。

1　運動発達研究の理論的統合

ここまで見てきたように、ゲゼル、マグローはカグヒルの研究の異なる部分をそれぞれ引きつつも、独自の運動発達研究を展開していった。しかし、ゲゼル、マグローの主要な活躍は一九四〇年代までで、五〇年代以降、運動発達研究は停滞期に入る（Thelen, 2000）。

これにはいくつか理由があるだろう。ゲゼルによる発達の記述の詳細さと範囲の広さは今見ても圧倒的なものがあり、当時としてもほぼ網羅されつくしたという感覚はあったのではないのだろうか。またマグローの構想した神経学的な研究は、近年の神経系の観測技術の進歩によってようやく着手されはじめたといってよく（多賀、二〇一一）、神経系の観測に大きな制約のあったマグローの時代には、実証的な研究のそれ以上の進展は見込めなかったのではないかと考えられる。

こうした運動発達研究の行き詰まりにたいして、八〇年代以降、ダイナミック・システムズ・アプローチ（Dynamic Systems Approach, 以下、ＤＳＡと表記）と呼ばれる理論枠組みを提起し、運動発達研究に新たな火を着けたのがエスター・テーレン（Thelen, E. 一九四一―二〇〇四）である（図3-1）。

現在ではＤＳＡの主導的研究者に挙げられるテーレンであるが、彼女の研究者としてのキャリアの最初期である八〇年代初頭の論文には、ＤＳＡという言葉も理論的発想も見受けられない。しかし、そこから八〇年代の彼女の論文を順に追っていくと、彼女が実証的な研究の知見を積み重ねていき、それらの知見を統一的に説明するために、ＤＳＡを提唱していく過程が見えてくる。ここではその過程を追っていくことにしよう。

研究の出発点――原始歩行反射

テーレンの八〇年代の研究を追っていくにあたって、鍵となるのが原始歩行反射という現象である。原始歩行反射とは、産まれてすぐの乳児を支え、立位の姿勢にして足を床面につけると歩行のような周期的な足の動きが見られるという現象である。

図3-1　テーレン

原始歩行反射という名称では呼ばれていなくても、この現象自体はゲゼル、マグローの時代から知られていた（Gesell, Thompson, & Amatruda, 1934/1982 ; McGraw, 1989）。マグローは原始歩行反射が皮質下の低次の神経中枢に仲介されていると考えていた。そして、高次の神経中枢である皮質が形成されて機能し始めることで皮質下の神経中枢の働きが抑制され、原始歩行反射も消失するとも述べている。なぜ歩行に類似した運動が生後すぐに現れ、一度消失した後に独立歩行という形で再び現れるのか。そのメカニズムをどのように考えるかという問題はあるものの、原始歩行反射が生後間もなく消失するということは当時からよく知られた定説であったようである（Zelazo, Zelazo, & Kolb, 1972）。

しかし、七〇年代の後半にゼラゾ（Zelazo, P. R.）らは、原始歩行反射の練習を繰り返すと原始歩行反射が消失しないばかりか、独立歩行の開始が早まることを発見し、なんらかの学習プロセスが生じているのではないかと考えた（Zelazo, Zelazo, & Kolb, 1972）。

一方、テーレンは最初、腕や足、胴といったさまざまな乳児の身体部位に見られる周期的な動きについて研究していた（Thelen, 1979, 1981）。この論文では、判を押したように同じ動きが繰り返されるステレオタイプ的な運動と、皮質によって制御される柔軟で機能的な運動を理論的に区分し、両者の関係に焦点をあてた議論がなされている。この論文を見る限り、テーレンは研究キャリアの初期にはマグローにも見られるような神経学的観点から研究を行っていたと考えられる。

テーレンの発見

テーレンは身体の周期的運動の研究を続けていくなかで、乳児の原始歩行反射と乳児が仰向けのときに行う周期的なキックの動きが運動学的に類似していることを発見する（図3-2）（Thelen, Bradshaw, & Ward, 1981；Thelen & Fisher, 1982）。これが後の理論転換に繋がっていく、最初の発見である。

このような運動学的な類似を根拠に、原始歩行反射と仰向けで見られるキックを同じ運動だと考えることもできる。しかし、そのように考えると理論的には整合性がとれない部分が出てくる。まず、原始歩行反射は生後しばらくして観察されなくなるのにたいして、仰向けのキックはそれ以降も観察されるという違いがある。皮質による抑制という説に従えば、原始歩行反射が消失しているときには、仰向けでのキックも消失するはずである。また、なんらかの学習プロセスによって原始歩行反射が継続していくというゼラゾらの説は、原始歩行反射が消失する一方で仰向けのキックが継続して見られるという事実については説明を与えるものではない。

これについて、テーレンは次のように考えた。生まれてすぐの乳児は筋肉の成長に比べて脂肪組織が急激に成長するため、垂直の姿勢では重くなった足を重力に対抗して持ち上げるのが困難になる。それにたいして、仰向けの姿勢は足の自重の増加の影響を受けにくいた

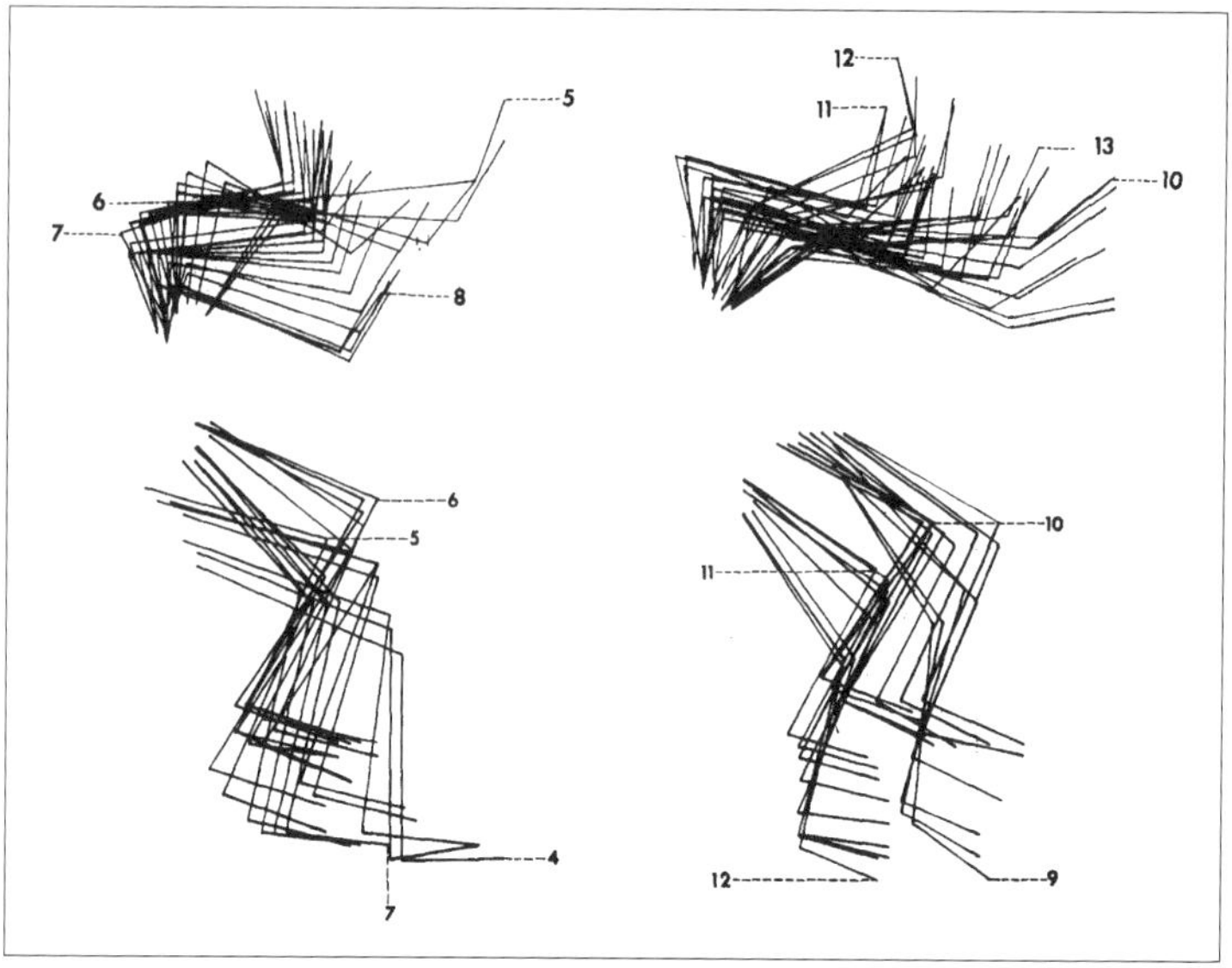

図3-2　仰向けでのキックと立位でのキックの軌跡
(Thelen & Fisher, 1982より転載)
上の２つの図は生後２週目の乳児の仰向けでのキックの動きを示し，下の２つは同じ乳児の原始歩行反射の動きを示したもの。姿勢が異なるため動きの軌跡に違いはあるが，踵，膝，股関節が同時に，かつ急速に屈曲するなど，類似した筋収縮活動のパターンが見られた。

め、キックが消失しない（Thelen & Fisher, 1982；Thelen, Fisher, Ridley-Johnson, & Griffin, 1982）。つまり、原始歩行反射の消失という現象はシンプルな力学的理由によって説明できると考えたのである。

この仮説を検証するため、テーレンは生後二〜六週の乳児を対象に実験を行った（Thelen, 1983；Thelen, Fisher, & Ridley-Johnson,

1984)。実験では、乳児の足にその後の成長に伴う自重の増加量に等しいウェイトを付ける、乳児の下半身を温水プールにつけ重さを軽減する、この二つの条件が設定された。結果、ウェイトをつけた条件ではステップの生起頻度が減少し、逆にプールの条件ではステップの生起頻度が増加していた（図3-3)。原始歩行反射の消失という発達的変化は、足の自重というパラメーターの操作によって擬似的に生じることが示された。この結果はテーレンの仮説を直接的に支持するものと言える。

テーレンはその後、原始歩行反射の消失した生後七か月の乳児でも、垂直姿勢で支えて実験用のウォーキングマシンに乗せるとステップが現れることを発見した（Thelen, 1986)。足はその筋肉と骨格の構造からバネのような特性をもっている。そして、弾い

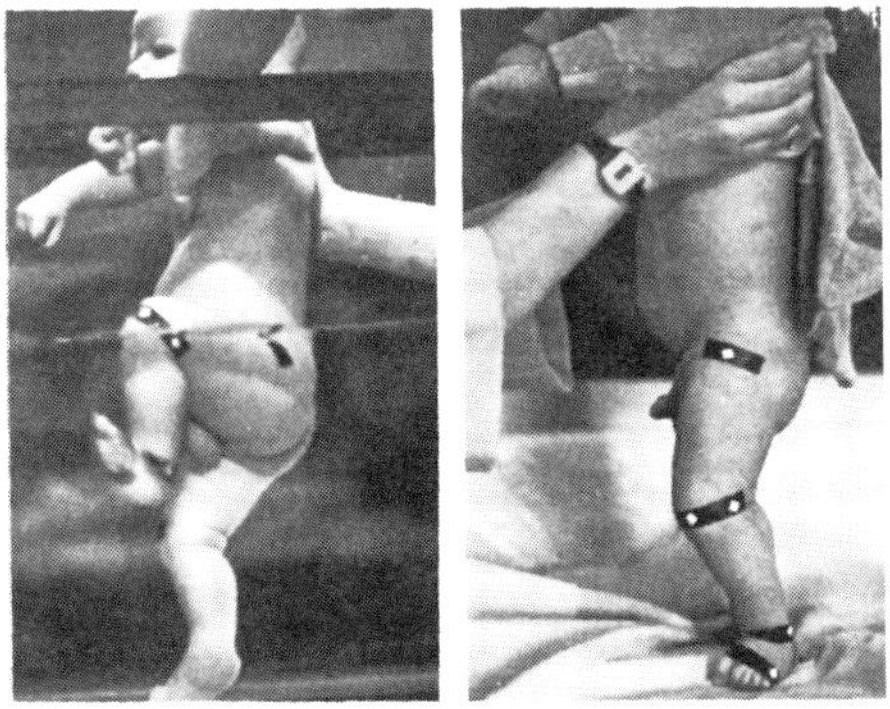

図3-3　状況に応じて変化する乳児の足の動き
生後３か月の乳児を異なる状況に置いてみる。右図のように机の上で直立姿勢にされた乳児はステップを行わないが，左図のように温水に下半身を沈められた乳児はステップを始める。(Thelen & Smith, 1994より転載)〔出所　Thelen and Smith, *A dynamic systems approach to the development of cognition and action*, © 1994 by the Massachusetts Institute of Technology〕

たバネが周期的な振る舞いを見せるように、トレッドミルによって足が後ろに引っ張られることでステップが生じるのである。先ほどのプールの実験もそうであるが、テーレンは筋骨格系や脂肪組織などの有機体内の要素と、多様な環境コンテクストが相互作用することで、周期的な足の動きがさまざまに生じることを示している。

理論的基盤の確立

こうした実証的な研究の蓄積と並行して、テーレンの理論的観点は神経学的なものからDSAへとシフトしていく。

テーレンの八四年の論文では、下位要素の関係からの高次の秩序の創発、動的な組織化、といった言い回しが見られる（Thelen, 1984）。この八四年の論文では自己組織化現象の理論（註3）を運動制御の問題に適用し、体系的に論じたクグラー（Kugler, P. N.）、ケルソー（Kelso, J. A. S.）、ターヴィー（Turvey, M. T.）の論文が引用されており、テーレンは自己組織化現象の理論に関する概念や用語を彼らから学んだと考えられる（Kugler, Kelso, & Turvey, 1980, 1982）。

そして、八七年にケルソー、フォーゲル（Fogel, A.）と共同で発表した論文では、テーレンは明示的にDSAの名を打ち出しており、その理論的要点を次のようにまとめている

(Thelen, Kelso, & Fogel, 1987)。

1．動く、または発達する有機体は、多くの下位システム、プロセス群の相互作用からなる複雑なシステムである。

2．リアルタイム、もしくは発達的時間上のある時点での運動の成果は、それら諸要素の相互作用の成果である。それゆえ、どの下位システムも動きや発達的変化を因果的に決定しない。

3．規則性や秩序は単一の指令などによるものではなく、システム間の相互作用から創

註3　ここでは二〇世紀後半に盛んに研究された自然現象とそれに対する理論的アプローチのことを指す。自己組織化現象の例として、熱対流現象、周期的な化学反応が現れるベルーソフ・ジャボチンスキー反応や、振り子の同期現象も挙げられるだろう。

　熱力学、化学、生物学などさまざまな自然科学領域にまたがる現象と理論的アプローチであり、その全容は把握しにくいものがある。しかし、複数の要素が相互作用することで、予め決められているプログラムや外部からの制御なしに要素には還元できない全体的なシステムの振る舞いが生じる創発のメカニズムや、その振る舞いが一挙に変化するプロセス(相転換)について研究しているという点では共通していると考えられる。

　全体の振る舞いを重視する点でシステム論的アプローチに連なっていると言えるが、時間経過にともなうシステムの振る舞いの変化の記述とその解明に焦点が当てられており、高度な数理的解析が用いられる。詳しくは『非線形科学』(蔵本、二〇〇七)を参照。

発する。

4. 動き、発達する有機体は、成果の等結果性を示す。

5. 行動は指令（instruction）に特定的なのではなく、課題（task）特定的である。有機体の内的状態も外的コンテクストも論理的には要因として等価である。

6. 動きや発達の新しい形態（form）は、不連続な位相転換として生じる。それゆえ、あるパラメーターの小さな変化が増幅され、システム全体が新たな、質の異なるモードへ転換することがある。発達においてはこれが発達段階として認識される。

7. 発達において、全体のシステムに包含されている下位システムは同じ速度で、または対称的に変化していくことはない。

8. 諸要素の相互作用の中である下位システムが、変化の度合いを決定する要素（rate-limiting factor）として働くことがある。こうした決定的要素が閾値に達したときに、システムは全体として新しい振る舞いを見せるようになる。

以上の要点に見られる自己組織化の理論やシステム論に関わる特殊な用語はクグラーらの論文から援用したものであろう。しかし、テーレンはただ用語や概念を援用するだけでなく、姿勢、筋肉と脂肪組織の成長勾配、環境のコンテクストなど、さまざまな要素が足の周期的運動に関わることを実証的に検証し、それらが複合的に相互作用することで全体性を持ったさまざまな運動パターンや発達的現象が生じることを示してきた。その上で、こうした理論の枠組みを提起したのである。

ゲゼルとマグロー、そしてテーレンが交わるところ

このような理論枠組みの提起と並行して、テーレンは八七年の別の論文で、当時発達心理学のなかで周辺的な位置にあった運動発達研究の理論的重要性を主張し、その位置づけを中心的なものへ変えようと試みている（Thelen, 1987）。ここで見逃してはならないのが、この論文では運動発達研究の重要な先駆者としてゲゼル、マグローの名が挙げられているという点である。

特に、テーレンはゲゼルについて、彼の力動的形態学のアイデアを紹介しつつ、運動の多重決定性、多層的側面、発達するシステムの自己組織的側面に光を当てたと、この論文では高く評価している（Thelen, 1987）。用語などは大きく異なるものの、先に挙げたテーレンの理論的要点の1〜3．は、ゲゼルの力動的形態学のアイデアと類似している。また、ゲゼルはいくつかの発達原則を指摘しているが（Gesell, 1945/1980）、発達が頭から尾のほう

へ、中心から末端へと不均一に進んでいくとする発達的な方向づけの原則や、屈曲と伸展などの拮抗する下位要素の優位性が律動的に変動していくとする反対相互交錯の原則はテーレンの指摘する7．の下位システムの変化の速度の不均一性、非対称性をより具体的に示すものと考えられる。

このように見てみると、テーレンはゲゼルの提示した要素間のダイナミックな相互作用という発達のモデルを引き継いでいるように見える。しかし、その一方でゲゼルはこのモデルの適用範囲を有機体内のみに限り、有機体と環境の相互作用については極めて限定的にしか考えていなかったことはすでに見てきたとおりである。つまり、テーレンが先の論文で指摘する、5．の内的要因と外的コンテクストの発達要因としての論理的等価性はゲゼルには当てはまらない。

これにたいして、有機体と環境の相互作用を重視した理論構築をおこなったのがマグローである。マグローは当時の発生学の知見を援用して有機体と環境の関係が時系列上でダイナミックに変化するという理論的観点を打ち出し、臨界期の議論と関連づけつつ双生児統制法による実証的研究を行っていた。マグローは特定の運動を繰り返し練習させるという介入方法を用いていたが、これは行動主義的な研究が盛んであった当時の時代背景が反映されているように思われる。

しかしテーレンも指摘しているように、こうした実験的操作は運動を繰り返し行わせる練習に限定されるわけではないだろう。テーレンは乳児の足の重さの増加によって、原始歩行反射が消失することを足の重さを実験的に操作することで示した。ただ、足の重さの増加、もしくは実験的操作は、より月齢が進んである程度筋力が増加した後ではよほど極端なものではない限り同じ現象を引き起こすとは考えにくい。そのため、特定の発達的現象を引き起こすトリガーとなるパラメーターの変動は、常に同じ現象を引き起こすわけではなく、発達的な時間経過と密接に関連している。

こうした要素を、テーレンは先の一九八七年の論文の8．で、「変化の度合いを決定する要素（rate-limiting factor）」と呼んでいる。こうした要素は、九〇年代に入るとコントロール・パラメーターと呼ばれ、現在ではこちらの呼び名が定着している（Thelen & Smith, 1994）。マグローの臨界期の議論も発達的な時間経過と密接に関連しており、テーレンのコントロール・パラメーターの議論と理論的な根幹部分は共通している。

このように、コントロール・パラメーターに繋がるマグローの臨界期の概念は、ゲゼルが有機体内に閉じていた複数の要素の相互作用というモデルを有機体と環境の相互作用を重視しつつ拡張するものである。そしてこの概念は原始歩行反射の消失などの不連続的な発達的変化を引き起こす要素を時間との不可分な関係のなかで解明することを含意しているとも言える。それゆえ、「5．内的要素と外的コンテクストの論理的等価性」、「6．発達におけるシステムの不連続的な変化」、「8．発達的変化のトリガーとなる要素」、これらの議論はマグローの研究とのつながりを見出すことができる。

もっとも、テーレンはこの八七年の時点ではそうしたマグローの理論的見解を正確に把握していたわけではなく、三五年のマグローの著作は参照しないまま、彼女の研究を神経系の成熟のみで運動発達を説明する要素還元主義的なアプローチと評価している（Thelen, 1987）。それゆえ、八〇年代にテーレンが自らの理論枠組みを提起するにあたって、マグローの影響を直接受けていたとは考えにくい。ただ、テーレンはこうしたマグローの評価を後に改めており（Thelen & Smith, 1994；Thelen, 2000）、研究史的な観点からもテーレンの理論の萌芽的な観点がマグローの研究に認められることは否定できないだろう。

5．の課題特定性など細かい議論の必要な部分もあるが、テーレンの八七年の論文に書かれた理論の骨組みは大まかには次のようにまとめることができるだろう。

A．発達とは有機体―環境の複数の要素が不均一、非対称に変動しつつ相互作用して生じるシステム全体の振る舞いとその変化のことである。

B．システムの時系列的な状態推移のなかで、ある時間点において特定の要素の変動が全体の振る舞いを大きく変化させるトリガーとして働くことがある。

概ね、A．はゲゼルの理論と、B．はマグローの理論に対応しており、テーレンの理論枠組みの中では両者の理論が無理なく接合されている。

このように、カグヒルの研究に端を発しつつもゲゼルとマグローはそれぞれ異なる研究、理論を展開していき、それらの分岐した理論展開はテーレンにおいて合流したのである。こうした研究史の描き方は必ずしも一般的なものではないが、運動発達研究がこれまでどのような問いのもとで進められ、そしてどのような理論的な基礎をもっているのかを確認する上で、一つの有効な見方であると私は考えている。

2　運動発達研究における個への問いの始まり

ここまで、ゲゼル、マグローがそれぞれ独自に展開していった運動発達研究の理論が、八〇年代になりテーレンの手によって合流していく過程を見てきた。テーレンは九〇年代に入り、これまで見てきた理論枠組みを基盤にしつつも、「イントリンジック・ダイナミクス

(intrinsic dynamics)」という概念を提唱し、本書のテーマである運動の個を主題にした独自の研究の展開を見せる。また、それと並行してテーレンは「多重時間スケール（multiple time scale)」の概念を提唱する。この概念も運動発達研究にとっては重要な概念となるので、あわせて紹介していきたい。

リーチング研究――テーレンの方法

八〇年代には足の周期的な動きに焦点を絞って研究を進めていたテーレンであるが、九〇年代に入ると乳児のリーチングの発達について研究を始める（Thelen et al., 1993 ; Thelen, Corbetta, & Spencer, 1996)。リーチングとは、目の前の目標物に向けて手を伸ばす、われわれも日常の中で頻繁に行う基本的な動きである。乳児のリーチングについては古くから多くの研究がなされており、その発生のメカニズムについては諸説あるが、乳児が腕を伸ばして目標物に触れるようになるのは概ね生後一六週、つまり四か月頃とされている(Bremner, 1994/1999)。

それまでの研究にたいしてテーレンのリーチングの研究が特異であったのは、研究対象となる乳児を、ガブリエル、ジャスティン、ハンナ、ナーザンのわずか四名にしぼりつつ、生後三週から三〇週は毎週、それ以降、五二週までは隔週と、リーチングが始まる前からかなりの頻度で、かつ長期的に発達プロセスを観測している点である。毎回、乳児の腕にはモーションキャプチャー用のマーカーが付けられ、おもちゃなどを提示された時の腕の動きや自発的な腕の動きの軌道や速度が記録された。こうした腕の軌道や速度などの測定値の変化から、テーレンは乳児ごとにリーチングの動きの発達プロセスを追っていった。

集合変数

ここで、一度話を理論的な部分に移そう。テーレンが一九八七年の論文で主張するように、発達が有機体、環境のさまざまな要素の相互作用から生じるのだとしても（Thelen, Kelso, & Fogel, 1987）、発達に関わる要素をすべて特定し、その変動を観測することは困難であろう。そこで九〇年代以降、テーレンは要素の相互作用から生じるシステム全体の振る舞いを代表するような限られた少数の測定の尺度を設定し、測定値の変動から発達プロセスを描くという研究プログラムを提唱する（Thelen & Ulrich, 1991；Thelen & Smith, 1994）。地形や季節、天候によって川の流れは変化していくが、そうしたさまざまな要素の変化はある地点の川の流れのベクトルや速度の変動に圧縮して示される、そうしたことを想像してもらえればいいだろう。

こうしたシステム全体の振る舞いと、その変化を代表して示す尺度とその測定値は、「集合変数（collective variable）」と呼ばれる（Thelen & Ulrich, 1991；Thelen & Smith, 1994）。集合変数は対象となる運動によって異なり、研究者が慎重に見極める必要があるが、リーチングの発達研究では乳児の腕の動きの速度や軌道が集合変数に選ばれている。

リーチングの発達にテーレンが見たこと

話を再びリーチングの研究に戻す。テーレンは集合変数となる腕の軌道や速度を長期的に観測しその発達を追っていった。その結果、それぞれの乳児がリーチングを始めた時、その腕の動きはリーチングが始まる以前の各乳児の自発的な腕の動きの特徴を反映していたことをテーレンは発見した。例えば、ガブリエルはリーチングが始まる前には両腕を羽ばたかせるように活発に動かしていたが、初期のリーチングでは激しく往来する動きからおもちゃに接触していた（図3-4）。一方、リーチングの開始の前には胸元に手を置くことが多く、動きの大人しかったジャスティンは比較的成人に似たスムーズな軌道と速度変化からリーチングを始めていた（図3-5）。

また、リーチングが始まってからの発達プロセスもガブリエルとジャスティンでは異なっていた。ガブリエルは最初は激しく速度が上下するリーチングを行っていたが、週が経過するにしたがってその速度変化は成人のリーチングに見られるような山型の速度変化に徐々に

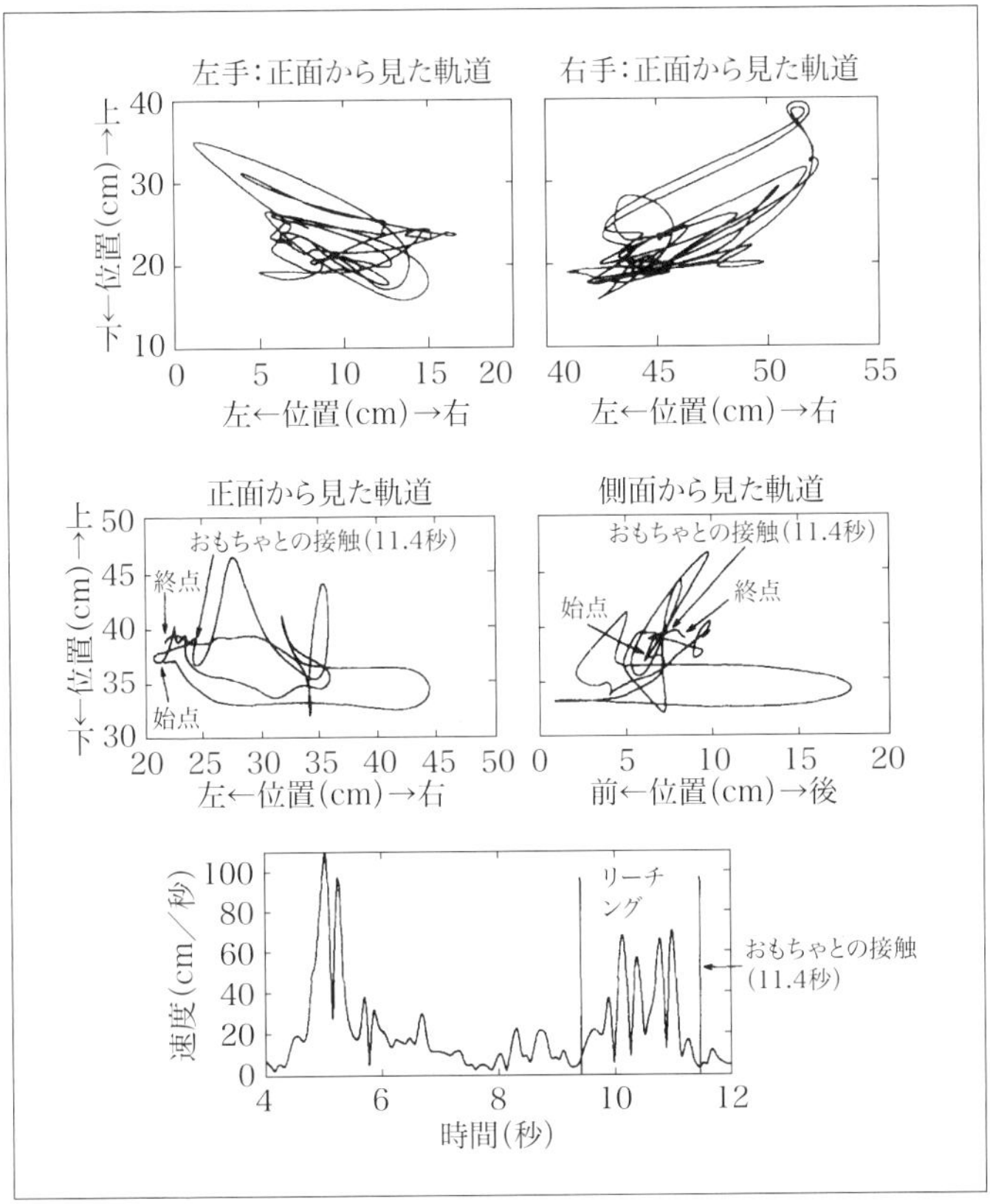

図3-4　ガブリエルの腕の動きとリーチング
(Thelen, et al., 1993 より一部改変して転載)
最上段の図はリーチングを始める前のガブリエルの左手，右手の動きを記録したもの。左右上下に往来する腕の軌道が示されている。中段は始まったばかりのガブリエルのリーチングの右手の動きを記録したもの。上下左右に往来しながらも，おもちゃへリーチングしていることがわかる。下段はリーチングの際の速度の変化を記録したもの。リーチング中，速度は何度も上下している。

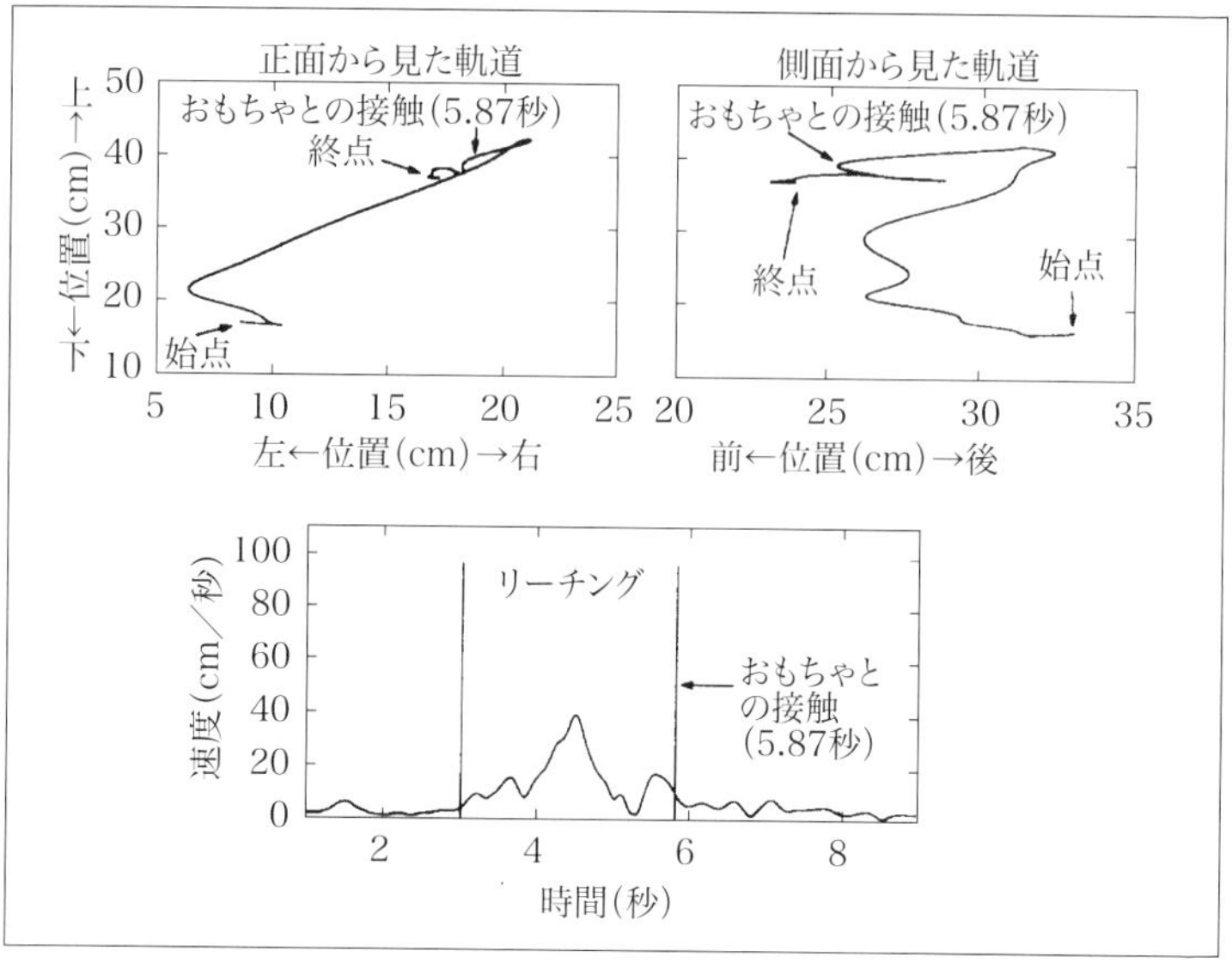

図3-5　ジャスティンのリーチング
(Thelen, et al., 1993より転載)
上段の図は始まったばかりのジャスティンのリーチングの左手の軌道を記録したもの。腕は何度か往来しているものの，比較的スムーズにおもちゃに向かっている。下段の図はリーチング中の速度変化を記録したもの。一度速度が上がった後，おもちゃの接触するまでに速度が下降していくという，成人のリーチングに近い山型の速度変化が見られる。

近づいていった（図3-6左）。一方、成人のものに近い速度変化を示していたジャスティンのリーチングは、週が経過するにしたがって速度変化の激しい活発なものになっていた（図3-6右）。その他、ナーザン、ハンナでは、活発な動きをスムーズなものに変えていく、スムーズな動きを活発にしていくなど、先の二名とは異なる発達の履歴が見られ

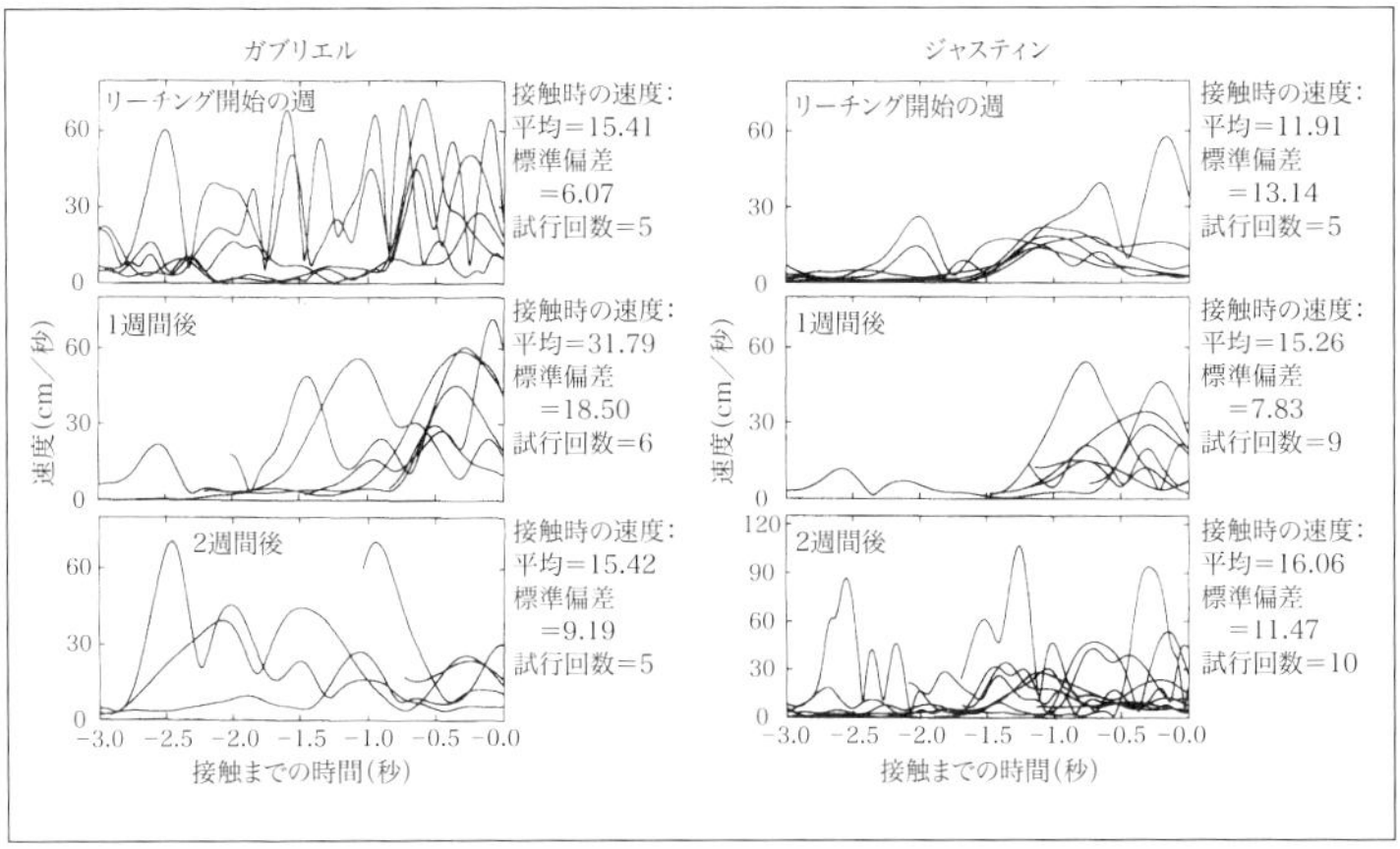

図3-6　ガブリエルとジャスティンのリーチングの発達プロセス
(Thelen, et al., 1993より転載)

た。

テーレンは筋電図などのデータを解析することで、リーチングの開始という発達的な変化の鍵となる要素、コントロール・パラメーターの特定を試みた。動きの活発なガブリエル、ナーザンは、腕を強張らせることで激しく往来する動きを抑制し、対象物へ手を伸ばしていた。一方、曲げた腕を胸元におくことが多かったジャスティン、ハンナは、力を込めることで腕を押し出し、対象物へ手を伸ばしていた。このことから、テーレンは腕の力学的特性がコントロール・パラメーターになっており、その力学的特性を調整することでリーチングが始まると考えた。一方、この課題の解決策は、ガブリエル、ナーザンの場合は腕を強張らせる、ジャスティン、ハンナは腕に力を込めて伸ばすという具合に、リーチングが始まる前の各自の運動特性によって異なっていた。

それまでの発達研究、例えば多くの乳児を対象に一定の尺度でパフォーマンスを計測し、その成績を月齢間で比較するような横断的研究では、個人差は各月齢内での平均値に対する偏差として扱われる。そのため、ある意味では個々人の違いは分析にとってなくても済むノイズのようなもの、発達現象の解明には必要のないものとみなされてきた。しかし、テーレンはリーチングの発達の軌跡を個人単位で追っていくことで、各乳児の運動特性がリーチングの開始という発達的な課題に決定的に関与することを示したのである。なお、本書のI章で見てきた寝返りの実験デザインは、こうしたテーレンのリーチングの研究に着想を得ている。

イントリンジック・ダイナミクス

テーレンのリーチング研究では、個が発達的現象の解明に密接に関わっている。この点で、発達研究で主流であった横断的研究とは個のとらえ方が大きく異なっている。

このことは発達を自己組織化現象としてとらえ、解明しようとするアプローチ方法の転換と密接に関わっているように思う。環境コンテクストも含めたさまざまな下位要素の相互作用から発達的現象が生じるのであれば、予めプログラムされた標準的、平均的な発達の軌跡は理論的仮定から除外されるだろう。

また、同じ運動課題においても、下位要素のパラメーターの違いによって、自己組織的に生成されるシステムの固有の振る舞いは異なり、さまざまな発達の軌跡が描かれる。個人単位で発達の軌跡を描くことで示される発達のダイナミクスや多様性は、発達の自己組織的側面を明らかにするために有用なデータになると考えられる。

テーレンはこうした個々の乳児の運動特性を、ザノーネ（Zanone, P. G.）、ケルソーから用語を援用し、イントリンジック・ダイナミクスと呼んだ（Zanone & Kelso, 1991）。ザノーネらは、イントリンジック・ダイナミクスを何らかの特定の課題が課されていない状態でのシステムの集合的振る舞いと定義している。こうした個々のシステムの振る舞いが、特定の運動課題の遂行（成人の寝返りの実験）、もしくは特定の発達的課題の達成（リーチングの開始）に関わるのである。

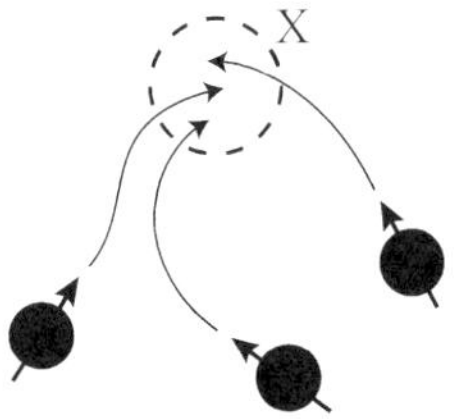

図3-7　異なるダイナミクスの制御問題

もう少しかみ砕いてみよう。図3-7のように、自由に転がる三つのボールがあると考えてみる。ある時間点で観測した時、それぞれ位置も異なれば、転がる方向、速度も異なる。この模式図の中では、個々のボールの位置、ベクトルがイントリンジック・ダイナミクスとなる。次に、このボールをそれぞれ点線で囲ったXの位置に移動させるという課題を想定してみる。その際に、どちらの方向に、そしてどの程度、ボールに力を加えればよいのだろうか。こうした動きの制御に関する課題の解き方は、その時のそれぞれのボールの位置と速度によって異なるだろう。また、その結果からさまざまな軌道が描かれる。最終的には三つのボールが同じXの位置に移動するにしても、その課題を遂行するには移動前のボールの位置や速度などの状態が関わってくる。比喩的に言えば、それまでの発達研究は最終的なゴールの位置を指定するだけでボールの状態を無視する、もしくは三つのボールの速度や位置を平均して大雑把に速度や位置を指定していたに過ぎない。

他にもいくつか留意点がある。一つには、以上の課題の遂行からそれぞれのボールが同じXの位置に着いたとしても、それまでどのような軌道、速度で進んできたかによってボールの速度は異なり、ボールの状態は全く同じものにならないということである。これについては、テーレンのリーチングの研究で、同じようにリーチングが始まっても各乳児のリーチングの動きはリーチングが始まる前の動きを反映したものであったということ、その後のリーチングの発達プロセスもそれぞれ異なる軌跡を描いていたことを思い浮かべてもらえばよいだろう。

もう一つは、ここではイントリンジック・ダイナミクスを一つのボールの状態として示したが、ザノーネらが「システムの集合的振る舞い」と定義しているように、実際にはこのボールの位置や速度は複数の下位要素の相互作用によって生じている、という点である。イントリンジック・ダイナミクスは集合変数のように個々のシステムの全体としての振る舞いを代表しているかもしれないが、それは一つの要素に起因するものではないし、テーレンが繰り返し強調するように遺伝などの生得的な要因・不変な内的要因を指す概念ではない。

ゲゼル、マグローも、個々の乳児の発達に無関心であったはずはない。しかし、ゲゼル、マグローも、個というものを発達スケールで計測されるスコアの増加曲線から分析、研究していた（Gesell, 1946；McGraw, 1989）。それゆえ、増加曲線に一定の傾向が認められるといった、時系列的な変化に対する不変な特性として個は示されていた。

それにたいして、イントリンジック・ダイナミクスの概念は、ある時間点におけるシステムの状態が課題の遂行に関係し、またそれ自体変化しうるということを示すものである。その意味で、この概念は時系列的な変化に密接に関わるものとして個を動きや変化のなかでとらえなおしているように思われる。Ⅰ章で見てきた運動の個という現象は、このように運動発達の研究の変遷のなかで、ようやく顔を見せたのである。

発達のランドスケープ

他にも、九〇年代にテーレンが提起した重要なアイデアに多重時間スケールがある。このアイデアを理解するためには、同じくテーレンが提起した発達のランドスケープについても知っておく必要がある。まずはこちらから簡単に紹介しておこう。

テーレンは発達という現象を、安定性が失われて新たな状態を探索するように振る舞いの変動性（variability）が増加し、そこから再び安定的な状態へと推移するプロセスとして特徴づけている（Thelen & Smith, 1994）。こうした探索的なプロセスやシステムの変動が発達にとって重要なことはゲゼルやマグローも認識していたが、テーレンはそうしたシステムの変動から発達プロセスを直感的に図示する方法を提案している。

図3-8は、ウォディントン（Waddington, C. H.）の後生的ランドスケープ（Waddington, 1966/1968）を参考に、テーレンが示した発達のランドスケープである。縦軸は発達的な時間経過を示しており、横軸に示されるくぼみの数はその時にシステムが取りうる状態、乳児で言えば歩行、走る、スキップ、ハイハイなどの運動の種類を示している。この図では発達が進むにつれ、さまざまな運動が可能になることが示されている。

それだけでなく、横軸のくぼみの深さは、その状態がどれだけ安定的であるか、その度合いを示している。これについては、図3-8のようなさまざまなくぼみのなかにランダムに動くボールを投げ入れることを想像すればよい。深いくぼみほど、ボールはそこから移動しづらくなるだろう。そのため、変動性が少なく安定しており、その運動も頻繁に観察されや

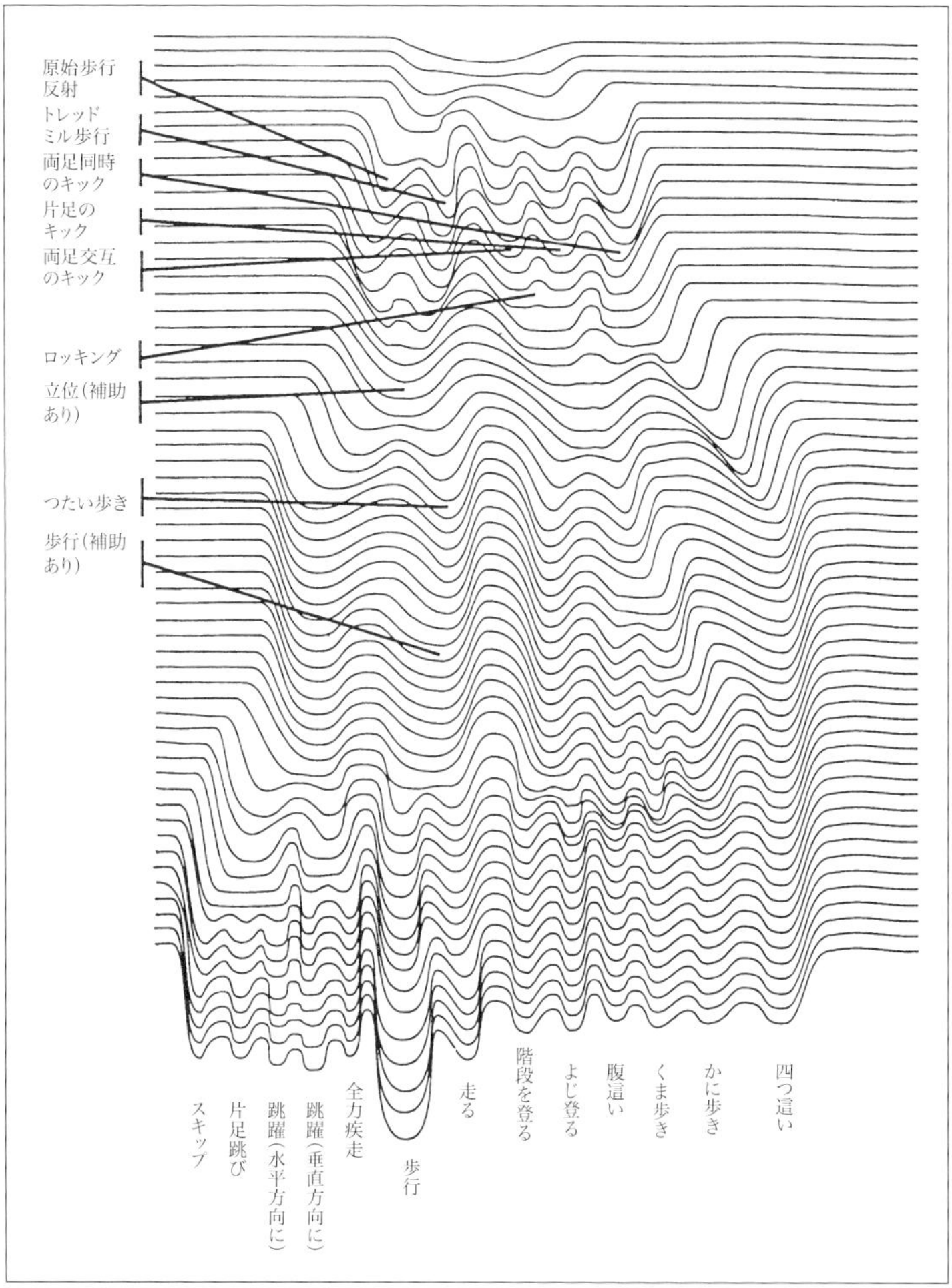

図3-8　テーレンの示す発達のランドスケープ
(Thelen & Smith, 1994より作成)〔出所　図3-3と同じ。©1994 by the Massachusetts Institute of Technology〕

すくなる（われわれは普段、片足で立つよりも両足で立つことのほうが多い）。逆にくぼみが浅い部分や凸の部分はボールがそこから動きやすい、つまり不安定な状態で、その運動はあまり観察されない。

このように、テーレンはシステムの取りうる状態と、その変動性が刻々と変化するプロセスを図示している。この図は実際のデータによらない仮想的なものではあるが、システムの取りうる状態とその変動を定量的に測定し、実際のデータにもとづいて示すことは可能であろう。

多重時間スケール――入れ子になった発達

普通、発達というと月、年単位での変化を思い浮かべるが、テーレンはこうした発達のランドスケープには、秒、分といったリアルタイムの行為の集積が入れ子になっていると述べる（Thelen & Smith, 1994, 1998）。例えば、巨視的なスケールでは緩やかなカーブを描く海岸線も、小さなスケールでは細やかに入り組んだ複雑な曲線の集合が見えてくるだろう。また、次のような例も考えられる。歯を磨く、靴を履く等、われわれは日常生活の中でさまざまな行為を習慣的に繰り返しているが、それらの行為は何度も繰り返されつつも、細やかな工夫が付け加えられたり、その時々の周囲の状況によって微調整がなされたりしている。

そうした細やかな工夫や微調整が積み重なることで、いつも同じことを繰り返していると思っている習慣的な行為も大局的には少しずつ変化しているかもしれない。それと同じように先の図のランドスケープのなだらかな変化も、微視的に見れば微細な凹凸の変化が見えてくるのだろう。

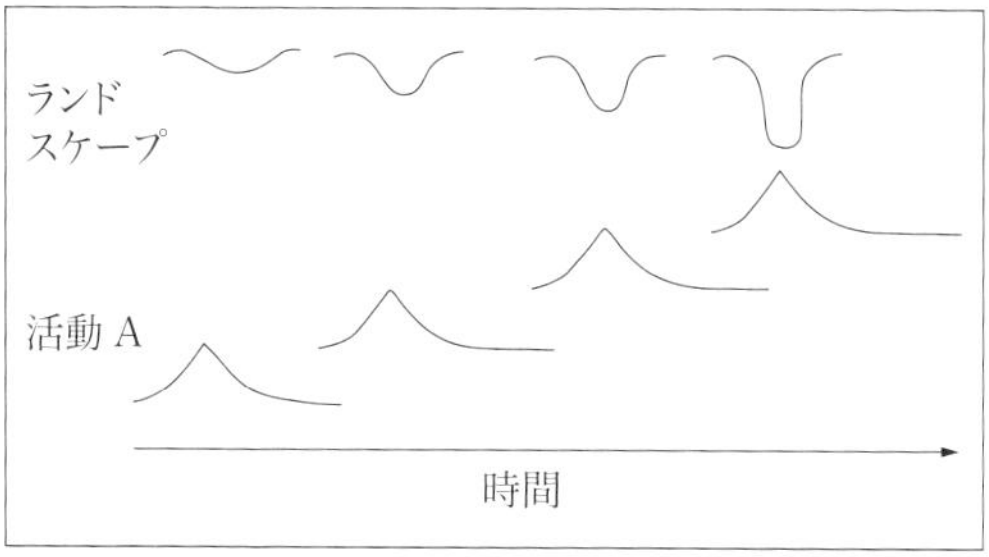

図3-9　リアルタイムの活動の反復とランドスケープの変化
(Thelen & Smith, 1998より一部改変して転載)
〔出所　Damon and Lerner eds., *Handbook of child psychology fifth edition Volume 1: Theoretical models of human development*〕

こうしたランドスケープの入れ子を、テーレンは特定の活動の反復で生じる学習プロセスを引き合いに出して説明している（Thelen & Smith, 1998）。図3-9の下段に示されているように、リアルタイムで特定の活動Aを繰り返すと、上段に示されているランドスケープのくぼみが深いものになり活動Aが実行される頻度が高くなるだろう。これによって活動Aはさらに繰り返されることとなり、くぼみもより深く安定的な状態となる。これを何らかの学習とみなすことができる。リアルタイムの運動が繰り返されることで、より大きな時間スケールのランドスケープが変化し、さらにリアルタイムの運動にも影響を与えるのである。

ゲゼルとマグローが、それぞれ自己組織的、もしくは有機体と環境の相互作用を重視した発達理論を構想していたことはすでに見てきた。ただ、ゲゼルもマグローも発達に関する下位要素を、変化にある程度の長いスパンを要する筋骨格系や神経系などに限定している。それゆえ、より微視的に変化する下位システムやパラメーターが発達現象に関与するという観点は取っていないように思われる。それにたいして、テーレンは微視的なスケールからより長いスパンで変化するタイムスケール、これらが重層的に重なるプロセスとして発達をとらえている。比喩的に言えば、ゲゼル、マグローが要素間の相互作用やそのダイナミクスを二次元の座標軸上で記述していたのにたいして、テーレンは時間スケールという軸を想定し、三次元の座標軸で発達プロセスをとらえようとしていたのである。

多重時間スケールのアイデアは、秒、分といったリアルタイムで生じる運動、一日、一週間といった単位で生じる学習、月、年といった単位で生じる個体発生、これらを別のものとしてではなく、さまざまなタイムスケールで生じる変動として、統一的にとらえることを可能にするものである。発達は、そうしたさまざまなスケールの変動が入れ子となって刻々とアトラクター・ランドスケープを形成していくプロセスとして、新たにとらえなおされる。

近年、乳児の知覚・運動発達研究を主導するアドルフ（Adolph, K. E.）は、ハイハイで移動する乳児や歩き始めた乳児の活動量を調査し、乳児が一日に約一万四千歩、距離にして約四千二百メートル移動、百回転倒していると推定し（Adolph, et al., 2012）、乳児の知覚・運動発達にはこうした日々の経験が重要な役割を果たすと主張している（Adolph, Joh, Franchak, Ishak, & Gill, 2008）。アドルフが報告するような乳児の膨大な活動量や日常の経験がどのように発達に関わるのかを明らかにすることは、発達のメカニズムを解明するにあたって重要な課題となると考えられる。その際に、テーレンの提起する多重時間スケールのアイデアは重要なカギとなるだろう。

運動発達への新たなアプローチ

テーレンがＤＳＡを導入して以降、運動発達についてはさまざまな研究の見直しが行われてきた。たとえば、ここまで見てきたテーレンによる歩行発達に関わる乳児のキックについての研究、リーチングの発達研究にくわえ、ゴールドフィールド（Goldfield, E. C.）、アドルフらによるハイハイの研究などが挙げられる（Goldfield, 1989；Adolph, Vereijken, & Denny, 1998）。

また、ＤＳＡは環境情報の知覚と身体運動の関係を主題的に検討する、ギブソン（Gibson, J. J.）が提唱した生態心理学（Gibson, 1979/1985）の研究動向と合流し、両者は互いにリンクしつつ展開していった（陳、一九九三）。そのため、近年の運動発達研究は環境情報の知覚発達との関係に注目したものが主流になってきている（Adolph, Joh, Franchak, Ishak, & Gill-Alvarez, 2008 ; Bertenthal, Rose, & Bai, 1997 ; Gilmore, Baker, & Grobman, 2004 ; Soska, Adolph, & Johnson, 2010）。

このようにテーレンによるＤＳＡの導入以降、運動発達は新たな観点からさまざまな研究が行われてきた。しかし、それらは環境知覚と運動発達研究の関係を問うもので、必ずしもイントリンジック・ダイナミクス、多重時間スケールを主題的に扱うものではない。

これにたいして、本書では、テーレンが八〇年代の自己組織化理論にベースを置いた発達理論と連続性をもちつつ、イントリンジック・ダイナミクス、多重時間スケールといった新たな概念を提起したこと、さらにはテーレンが八〇年代に展開した発達理論は、カグヒルに端を発するゲゼル、マグローらの古典研究に源流を持っていたことを確認してきた。このように研究史的に見るなら、イントリンジック・ダイナミクス、つまり本書の主題でもある運動における個は、これまで見てきたさまざまな実証研究と理論的展開が連なっていくなかで、ようやく見えてきた事象であると言える。本書ではこの事象がどのような意義をもつのか、詳しく検討していきたい。

そして、カグヒル、ゲゼル、マグロー、テーレン、彼、彼女らの発達理論が、実証研究の積み重ねの中で形作られていたように、イントリンジック・ダイナミクスの意義やこの概念が指している事象の内実も、実証的研究のなかで見出されるべきであろう。次章からはイントリンジック・ダイナミクスを一つの軸にして実際の乳児の運動発達プロセスを見ていくことにする。

Ⅳ章　運動発達に個を見る——運動の発達的由来

「運動の個」は、どのように乳児の運動発達に関わるのか。ここでは二名の乳児が寝返りをできるようになるまでの発達プロセスを見ていく。

1　寝返りの発達プロセス――研究の背景と観察対象

研究の指針――イントリンジック・ダイナミクスと多重時間スケール

Ⅰ章で見てきた運動における個という現象は、Ⅲ章で見てきたように、イントリンジック・ダイナミクスという概念によって科学的に定義を与えられ、運動発達研究の表舞台に上がってきた。

この概念を提起したテーレンは四名の乳児のリーチングの発達プロセスを縦断的かつ詳細に検討した。その結果、イントリンジック・ダイナミクスは、リーチングの開始に決定的な影響を与えていたことが示されていた。ある時間点での状態が、課題遂行などの次の時間点の状態とどのように関わり、そして発達的に変化していくのかを追っていくには、テーレンも指摘するように、長期間にわたって繰り返しデータを採取する縦断的研究が望ましいだろう。

また、このような縦断的研究は必然的に多重時間スケールの議論も関わってくる。リアルタイムでの活動など、小さなタイムスケールに見られる動きの変動がどのように長期的な発達的変化と関わるか、検証することが可能になるからである。アドルフが主張するように、乳児の日々の活動がどのように発達に関わるのかを検討することは、今日の運動発達研究において最も重要な課題と考えられる（Adolph, Joh, Franchak, Ishak, & Gill, 2008）。

そこで、この章では乳児の日常生活におけるリアルタイムの活動を記録した映像資料を用い、実際に運動の発達プロセスを観察していくことにする。自己組織化現象の理論を土台にしているため、ＤＳＡでは数理的な解析が必須になるといったイメージがある。それにたいして、こうした日常生活の記録映像の場合は数理的解析に必要な運動学的、数量的データはほとんど採取できなくなる。しかしⅡ章で見てきたように、これまでの運動発達研究、特にゲゼルなどはそうした数理的解析を用いず、心理学においては非常にベーシックな観察的手法によって、発達の自己組織的な側面を明らかにしてきた。映像資料を観察するという手法でもイントリンジック・ダイナミクスというアイデアのエッセンスを損なうことなく発達研究は可能なのではないか。そう考え、ここでは観察的手法を採用することにした。

寝返り研究の現状

運動発達と一口にいっても、歩行やハイハイ、リーチングなど、数多くの運動がある。ここでは、乳児がどのようにして仰向けからうつ伏せへ姿勢を変えることができるようになるのか、寝返りの発達プロセスについて見ていく（山本、二〇一一）。
寝返りを選んだのには理由がある。乳児の寝返りの発達プロセスについて、最も体系的で洗練された研究を行ったのは、おそらくマグローである（McGraw, 1989）。こうしたマグローの研究をはじめとする古典的な研究にたいして、すでに述べたように近年、運動発達は環境情報の知覚との関連からさまざまな研究の見直しがなされている。しかし、そうした見直しはハイハイやお座り、歩行に関するものが多く、ハイハイ、お座りが始まる以前の運動発達や、寝返りに関してはあまり研究の見直しがなされていない。それにはいくつか理由があるのだろうが、一つには環境内における乳児の自発的な環境探索はお座りやハイハイに始まると考えられており（Bertenthal, Rose, & Bai, 1997；Gilmore, Baker, & Grobman, 2004）、寝返りの発達が環境探索活動との関連からとらえられていない、ということがあるだろう。しかし、ハイハイやお座りが始まるまでに日常生活の中で乳児がどのように体を動かし、そして寝返りを始めるのか、これは近年の研究動向から見ても十分興味深い主題である。

対象となる映像資料

ここでは、二〇〇一年一二月から二〇〇四年一二月までの間、二名の男児、Kちゃん、D

ちゃん（以下、K、Dとする）を対象におよそ生後一〜三か月から二〜三歳になるまでの成長のプロセスを撮影した映像資料を用いた（註4）。この映像は、週二〜三回、時間にして約一時間、K、Dの日常生活の様子を親が撮影したものである。K、Dともに撮影が開始している三か月目から生後一年までの映像に目を通したところ、Kは五か月一八日目に寝返りが初めて観察され、それ以降、何度も寝返りが観察された。Dの場合、四か月二二日目に寝返りが初めて観察されたが、この四か月の間にはその一回しか観察されなかった。その後、五か月一三日目に再び寝返りが観察され、それ以降、寝返りが何度も観察されるようになった。そこで、五か月目をK、Dの寝返りの開始の時期として、ここでは三か月目から五か月目までの発達プロセスを見ていくことにする。

2　Kが寝返りを始めるまでの発達プロセス

寝返りは布団などの支持面の上で仰向けの体勢から自分の体を持ち上げ、うつ伏せの体勢

註4　この映像資料は東京大学佐々木正人教授を代表とする「東大あかちゃんプロジェクト」によって収集された。なお、収集された映像資料は、編纂されＤＶＤ化されている（佐々木、二〇〇八）。

まで大きく体を回していく運動である。寝返りが始まるまでの発達プロセスというと、仰向けであまり体を動かせない乳児がだんだんと大きく体を持ち上げるようになり、最終的にうつ伏せまで体を回していくようになる、というプロセスが思い浮かぶ。

しかし、乳児はなにもない空間で体を動かすわけでない。映像を見るとKやDのまわりには哺乳瓶やおきあがりこぼし、布、ベビージムなどさまざまなものが散在しており、親が話しかけたり玩具であやしたりすることもある。ここではKやDが左右どちらの方向に体を回し、周囲を見回したり玩具に向かって体を向けたりしているのか、どのような動きから体を持ち上げているのか、といったことを含めて乳児の動きを詳しく描写し、その変化を追っていく（ここから細かい動きと発達の描写が続くが、まずはKちゃん、Dちゃんがこんなにいろいろ頑張って体を動かしていたんだ、と素直に見ていってほしい）。

まず、Kの発達プロセスを見ていく。ここでは、時間経過に伴う変化を細かく見ていくため、各月齢の一五日目までを前半、一六日目以降を後半と便宜的に区切り、発達を追っていくことにする。

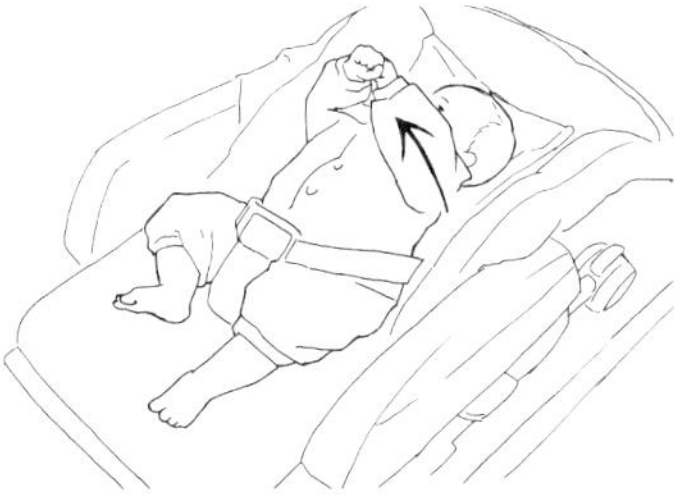

図4-1　K：3か月5日目
右へ向いてしきりに両手を顔の前に持っていく。

図4-2　K：3か月12日目
右側を見ながら足を動かし始める。

K——仰向けでの動きの発達

三か月前半

Kは右に振り向きながら腕を前に伸ばし、左肩を右のほうに回すことが多々あった（図4-1）。特に玩具などを見るわけではないが、振り返りながらそれに連動するように上半身は持ち上がっている。

また、右のほうを見ている時に足を動かしはじめ、机や布団などの支持面を蹴ることで腰が持ち上がり右のほうに回っていくことがあった（図4-2）。

この時期、Kは体の部分だけしか持ち上げることができないが、振り向きながら、もしくは自分の見ているほうに向かって体を持ち上げており、見ることと体の動きがしっかりと連動しているようであった。

三か月後半から四か月前半

しかし、三か月後半以降は様相が一転する。Kは活発

図4-3a　K：3か月24日目
右側に差し出されたガラガラをみて動き出す。

図4-3b　K：4か月1日目
右側にいる母親のほうを見ながら興奮して動き出す。

に足を動かして支持面を蹴るようになり、腰が頻繁に持ち上がっていた（図4-3a、b）。図からもその様子はうかがえると思うが、動きは活発な反面、見ている方向とは無関係に腰が持ち上がることが多く、見ることと体の動きは上手く連動していないように見える。

こうした足の活発な動きは四か月前半まで頻繁に観察され、両足の筋力の差であろうか、左のほうに腰が持ち上がることが多くなっていった。

四か月後半

四か月前半までは腰だけを持ち上げる体の部分的な動きが頻繁に観察されたが、四か月後半以降は動きも大人しくなり、足で支持面を蹴る動きが目立たなくなる。その一方で全身を持ち上げる、大きな体の動きが増えてくる。

例えば、Kは支持面を蹴る時に同時に体を反らせ、左に全身を持ち上げることがあった（図4-4）。こうした体を反っ

図4-4　K：4か月25日目
左にあるモビールを見ながら活発に体を動かす。

て支持面を蹴る動きがしばしば観察されたが、図にもあるようにKはこうした動きから周囲を見回したり、玩具などへ体を向けたりするようになっていた。見ることと体の動きは再び連動するようになっている。

ただ、Kはこの全身の動きからもっぱら左のほうに向かっていた。三か月後半から活発になった支持面を蹴る動きでは腰を左へ持ち上げることが多かったこと、そうした動きが大人しくなる一方で、体を反って支持面を蹴る動きが頻繁に観察されるようになっていたというそれまでの経過を考えると、まず支持面を蹴る動きがあり、これに体を反らせる動きが伴うようになることで、Kは見ることと連動させせながら大きく体を動かせるようになったと考えられる。

Kは最初はただ活発なだけで見ることと無関係だった足の動きを、見ることと上手く関係づけながら全身の動きに繋げていた。

五か月前半

四か月後半に観察された体を反らせ支持面を蹴り左に回っていく動きが、頻繁に観察され

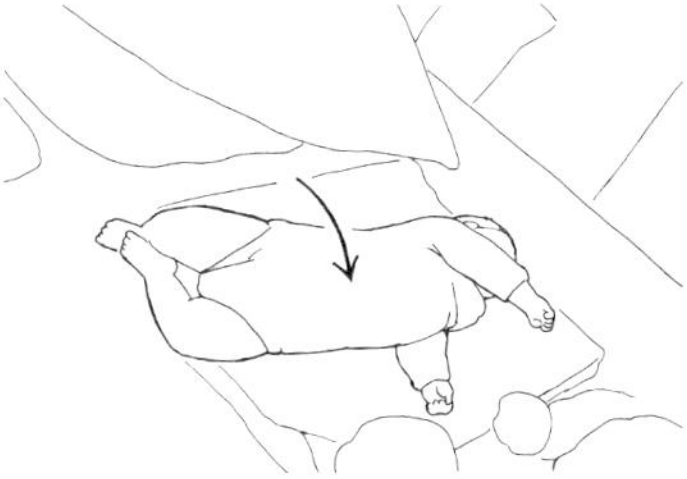

図4-5　K：5か月12日目
左側にいる母の呼びかけに応じてそちらへ向かおうとする。

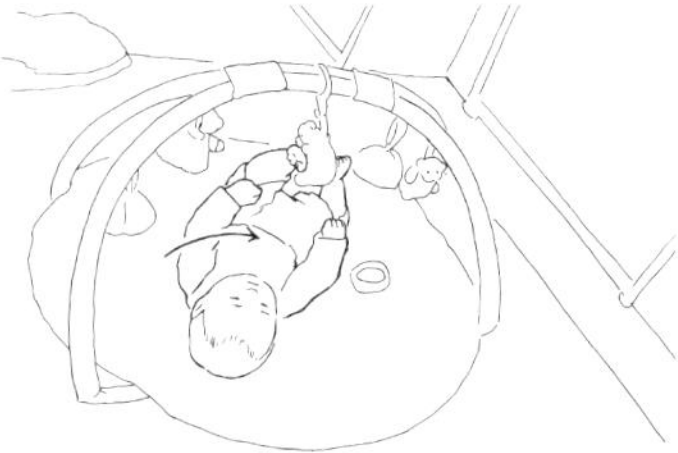

図4-6　K：5か月15日目
足でベビージムに吊るされたぬいぐるみに触る。

るようになっていく（図４-５）。

その一方で、何度かKは体を曲げて両足を上げ、右のほうに体を傾けていた（図４-６）。こうした動きからは見ている方向とは無関係に体が傾くことが多かった。ただ、それまでは支持面を蹴る、体を反らせるなどの伸展の動きが多く観察されていたのにたいして、体を屈曲する新しい動きが芽生えているように見える。

五か月後半

寝返りが始まる時期である。この時期、Kは玩具などに向かって大きく体を持ち上げるようになっていたが、その方向は左に大きく偏っていた。その時の体の動きは大きく二つのパターンに分かれていた。

一つは、それまでにも観察されていた体を反らせて支持面を蹴るパターンである。ただ、この時期、Kは支持面を蹴った足を前に振り出して、より大きく体を回すよ

図4-7　K：5か月18日目
左側にあるモビールを見てそちらに向かっていく。

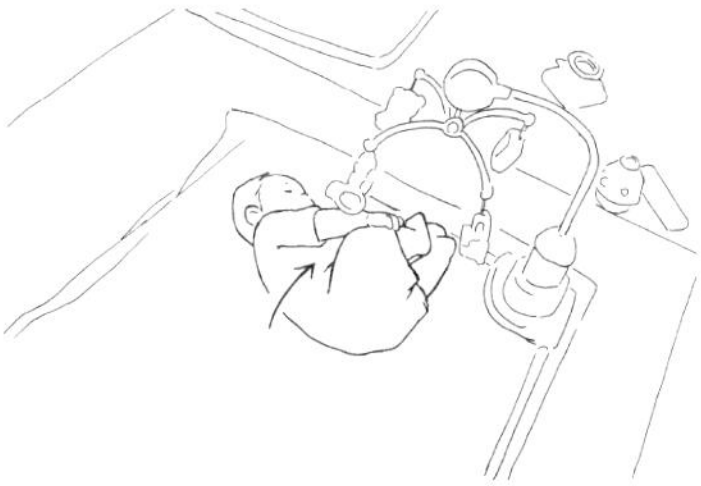

図4-8　K：5か月18日目
左側にあるモビールを見てそちらに向かっていく。

うになっていた（図4-7）。

もう一つは、体を屈曲して両足を上げるパターンである。五か月前半では、見ている方向とは無関係に右のほうに体を傾けていたが、この時期には見ることと上手く連動させつつ、左のほうに大きく体を向けるようになっていた（図4-8）。

ここまでさまざまな動きが観察されたが、それらの動きのヴァリエーションは見ている方向に向けて体を大きく持ち上げる、伸展と屈曲の二つの動きのパターンへと合流していた。

Kの寝返り

では五か月後半、Kはどのように寝返りをしていたのであろうか。この時期には一二回の寝返りが観察されたが、それらはすべて左に向かうものであった。五か月後半にはKは左のほうにばかり体を向けていたことからも、これまでに仰向けで観察された動きと寝返りには関連があると予想される。

　五か月後半のKの寝返りの特徴をよく表している事例を図4-9に示した。これをもとにKの寝返りの動作と、それまでに観察された仰向けの動作の関連性について詳しく検討していこう。

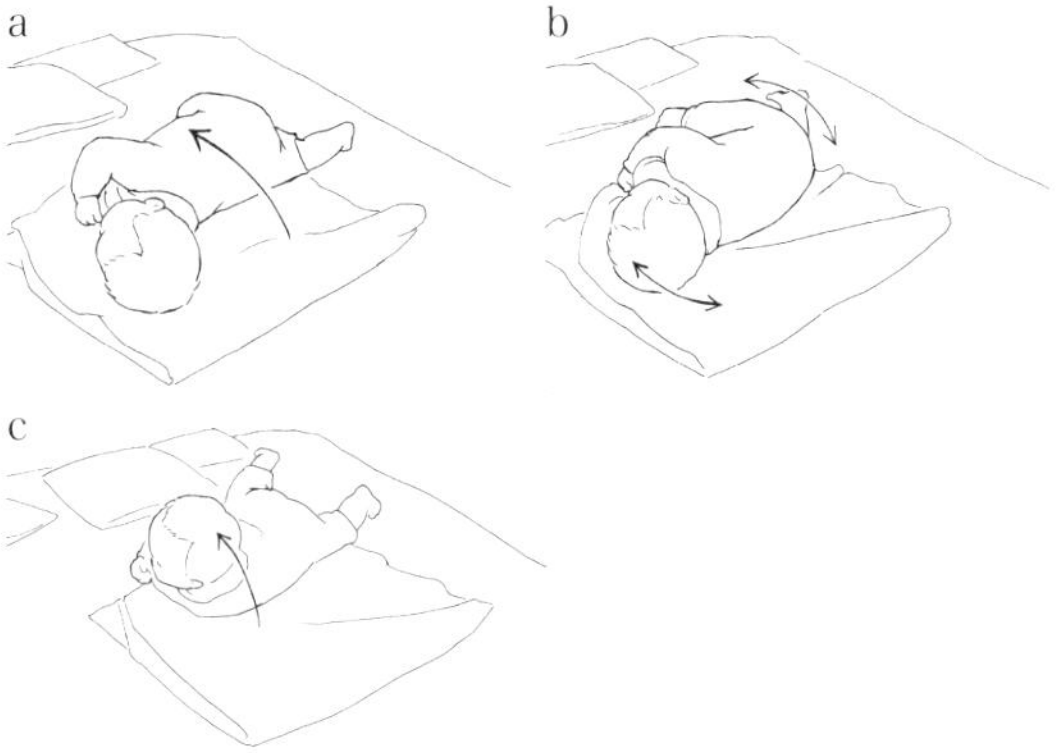

図4-9　K：5か月21日目に観察された寝返り
ここでは大まかな動作の流れのみを示す。

1. 観察されたほとんどの寝返りで、Kはまず体を反らせながら床を蹴り、そのあと足を前に振り出して、横になるまで大きく体を持ち上げていた（図4-9a）。

2. 横になってから、Kはなかなかうつ伏せになることができなかったが、全身を曲げて頭と足を前に振り出し、その後体を反らせるという一連の動作を行うことが多かった。また、この一連の動作が繰り返されることもあった（図4-9b）。

3．体を曲げ、反る一連の動作を行った後、Kはなんとかうつ伏せになり、頭を持ち上げていた（図4-9c）。

まず1．の最初の動きは、それまでにも何度も観察された体を反らせ支持面を蹴る動きと同じものである。五か月後半には足を前に振り出す動きが伴うようになっていたが、寝返りの際にも足を前に振り出し、体を横になるまで大きく持ち上げていた。

次に、2．で全身の大きな動きが観察されたが、これにはどういった意味があるのだろうか。全身との比で言えば成人のものより大きな乳児の頭は、横になった体勢からうつ伏せになるまで体を持っていく時に重りのように働くと思われる。Kのように体を反らせる動きでは、なおさら頭が後ろに残ってしまうだろう。こうした課題にたいして、全身を曲げて頭を前に持っていきそして反りかえる動きは、頭を直接持ち上げるようなものではないが一つの解決方法になっていると考えられる。そして、こうした全身を曲げる動きは、五か月前半から観察された体を曲げ両足を上げる動きと似ている。

どうやら、Kは五か月後半に頻繁に観察された体を反らせ支持面を蹴る動きと、体を曲げ両足を上げる動き、その両方を組み合わせるようにして寝返りを行っていたようである。このようにKの仰向けでの動きとその発達プロセスは、寝返りの始まりと地続きに繋がっていた。

図4-10　D：3か月9日目
おきあがりこぼしをみながら動き出す。

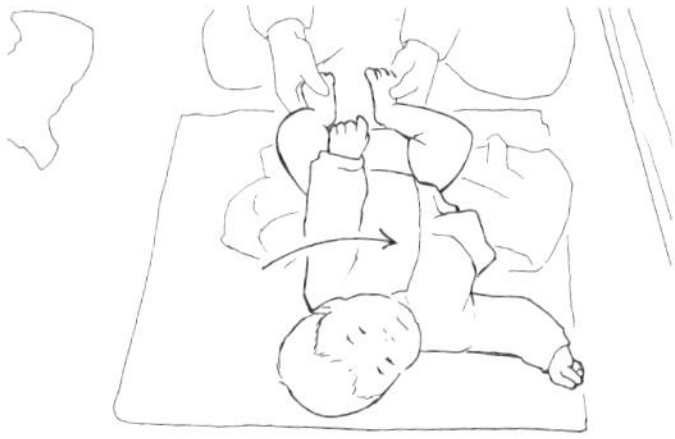

図4-11　D：3か月12日目
頭のほうに設置されたカメラを見る。

3　Dが寝返りを始めるまでの発達プロセス

次に、Dの発達プロセスについて見ていこう。Dの場合、その発達プロセスはやや込み入っており、さまざまな動きの変化が並行して進んでいる。そこで、時系列の通りに見ていくのではなくトピックごとにまとめて見ていくことにする。

D――仰向けでの動きの発達

足で支持面を蹴る動き

三か月前半、Dは活発に足を動かしており、見ている方向とは無関係に頻繁に腰が持ち上がっていた（図4-10）。左に腰が持ち上がることが多く、Kに観察された活発な足の動きと似ているという印象を受ける。しか

図4-12　D：3か月15日目
振り向いて左のほうを見る。

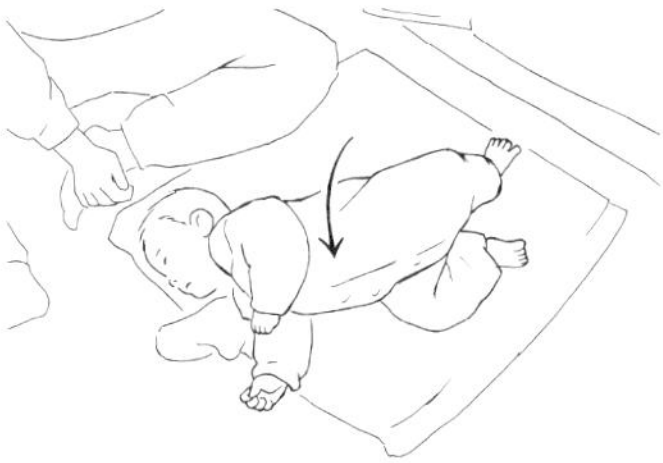

図4-13　D：3か月25日目
右へ振り向く。

し、三か月後半には、そうした足の活発な動きは観察されなくなる。やや月齢が飛ぶが、この動きは五か月前半にも活発になり、五か月後半には再び観察されなくなる。どうやら同じような蹴る動きが現れても、Kとは発達的な経過が異なるようである。

頸部の伸展傾向とその変化

Dの場合、先に見てきた足の動きとは異なる特徴的な動きの癖と、その変化があった。三か月前半より、Dは振り向きながら腕を前に伸ばし肩を持ち上げていた。この時、Dは右、左、どちらにも振り向き、周囲を見ながら肩を持ち上げていたが、右に振り向く時には首を反らせる癖があった（図4-11）。一方、左に振り向く時にはそうした癖が認められず、そのまま振り返っていた（図4-12）。

　こうした右に振り向きながら首を反る癖は三か月後半

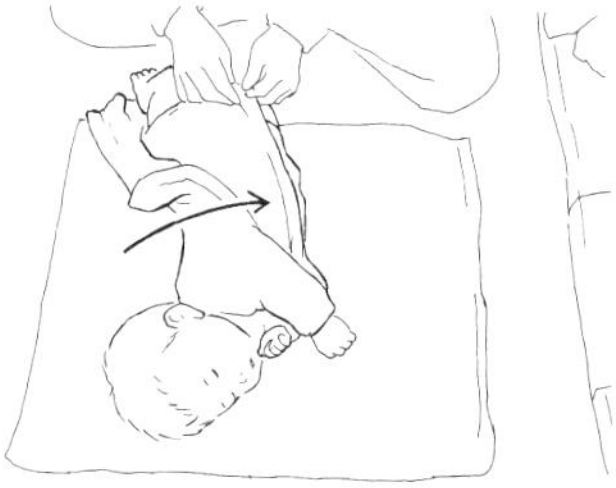

図4-14a　D：4か月11日目
オムツ替えの途中，右へ振り向く。

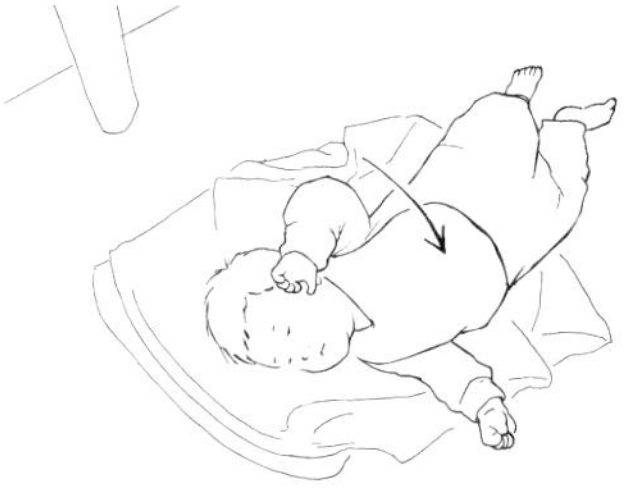

図4-14b　D：4か月28日目
右のほうにあるカメラを見て笑う。

以降も認められ、より大きな体の動きへと繋がっていく。例えば、三か月後半、Dは右に振り向きながら首から体全体を反らせていき、支持面を蹴ることで大きく体を持ち上げていた（図4-13）。こうした動きは四か月前半以降、頻繁に観察されるようになり、Dは見ているほうに向かって大きく体を持ち上げるようになっていく（図4-14a、b）。

これにたいして、月齢が進むにつれてDは支持面を蹴ることで左のほうにも大きく体を持ち上げるようになっていたが、その時に首を反る動きが伴うことはあまりなかった（図4-15）。

どうやら体を反って支持面を蹴るという同じような動きであっても、Kの場合は足で支持面を蹴る動き、Dの場合は右に振り返る時に首を反る癖と、異なる動きに端を発しているようである。

図4-16　D：3か月20日目
左側からぬいぐるみが差し出され，それを見る。

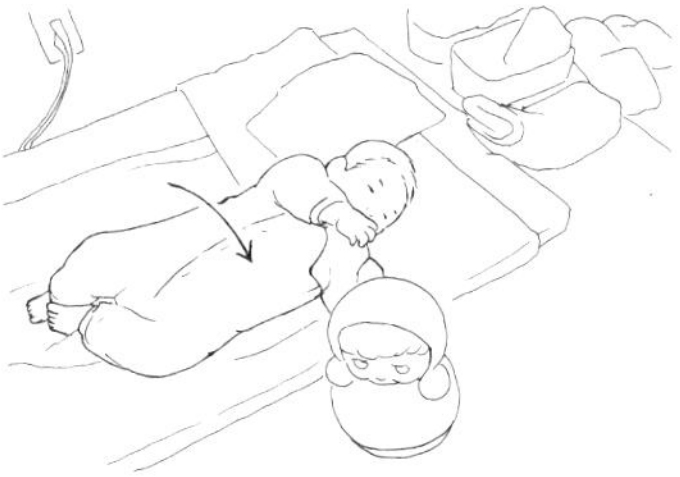

図4-15　D：4か月20日目
左のほうにあるおきあがりこぼしへ手を伸ばす。

両足を持ち上げる動きとその変化

Dにはもう一つ、それとは異なる動きの変化の系列があった。再び時間軸が前後するが、三か月後半、Dは振り向きながら肩を持ち上げる時に両足を上げることが多々あった（図4-16）。肩を持ち上げることとは無関係のようにも見える動きは、右、左、どちらに振り向く際にも認められた。

そして、四か月前半以降、体を曲げ両足を上げることでDは見ている方向へ体を傾けるようになる（図4-17）。こうした動きからDは右と左、どちらのほうにも体を向けている。そのため、この動きは三か月後半に観察された両足を上げる動きに由来を持っているように見える。

図4-17　D：4か月9日目
右のほうを見ながらはしゃぐ。

五か月前半から五か月後半まで

このようにDにはいくつかの動きの変化の系列があった。ここまで時間軸を前後しつつその変化を見てきたが、ここからは寝返りが何度も観察されるようになる少し前の五か月前半から、五か月後半までの発達を見ていこう。

すでに述べたように、五か月前半には足で支持面を蹴る動作が活発になっていたが、この時期Dは右へ振り向きながら体を反らせて支持面を蹴る動きも頻繁に行い、体を大きく持ち上げるようになっていた。それにたいして、四か月後半まで観察されていた体を曲げ両足を上げる動きは、この五か月前半ではほぼ観察されなかった。蹴る、反るなどの伸展の動きが活発に行われているためか、体を曲げる屈曲の動きは抑制されているようであった。

五か月後半では一転して、支持面を蹴る、体を反るといった動きは観察されなくなるが、体を曲げて両足を上げる動きが頻繁に観察されるようになる。この時、Dはそれまでよりも両足を高く上げ、見ているほうに向かってより大きく体を傾けていくようになっていた（図4-18）。また、この動きから右と左、両方に体を大きく傾けており、方向に偏りは認められなかった。この五か月後半では屈曲の動きが活発になっており、伸展の動きは抑制されてい

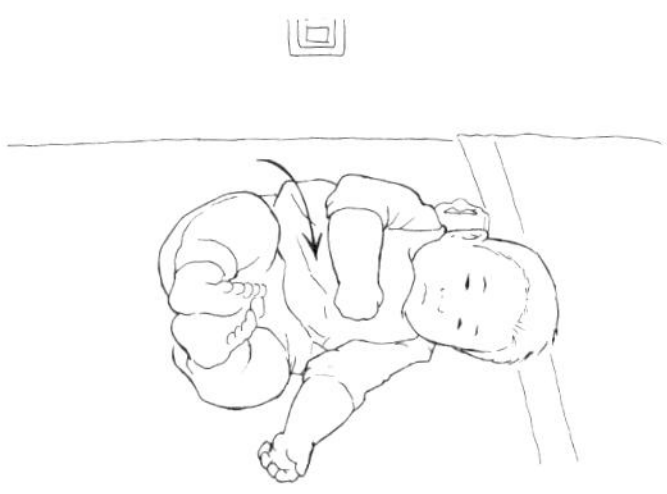

図4-18　D：5か月23日目
左のほうを見ながら動き出す。

るようであった。

　Kと同じように発達プロセスの中でさまざまな動きが観察されたが、Dの場合、動きのヴァリエーションは、体を曲げて見ている方向に大きく体を傾けていく、一つの動きのパターンに収束していた。

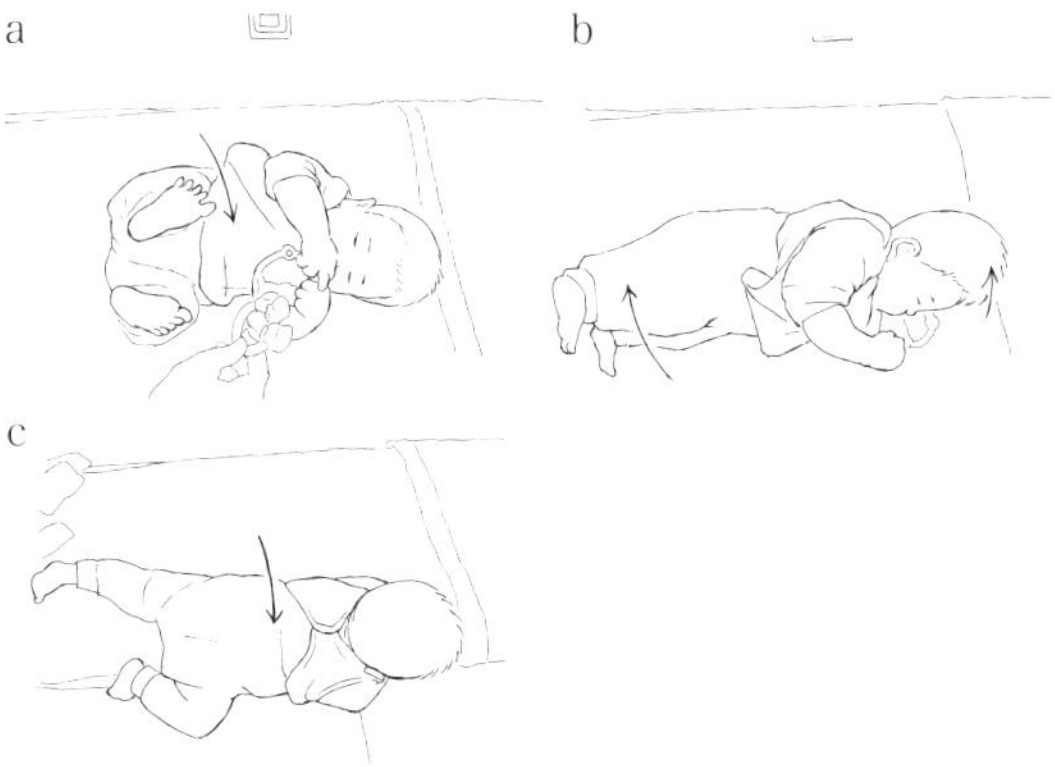

図4-19　D：5か月23日目に観察された寝返り
ここでは大まかな動作の流れのみを示す。

Dの寝返り

　Dは四か月後半と五か月前半にそれぞれ一回ずつ寝返りが観察された。そして、五か月後半には一〇回の寝返りが観察されたが、右に五回、左に五回と方向には偏りがなかった。先ほど述べたようにDは五か月後半には右と左で方向に偏りなく体を持ち上げていた。こうしたことからも、Kと同様、Dの場合も仰向けでの動きと寝返りには関連があると考えられる。

　では、動きの点でどうであろうか。ここでは寝返りが何度も観察された五か月後半に焦点を当てて見ていこう。図4-19（前頁）は五か月後半のDの寝返りの動きの特徴をよく表している事例を示したものである。

1．Dは寝返りをする際に、まず体を曲げて両足を持ち上げて横になることが多かった（図4-19a）。

2．横になった体勢から首をかしげるようにして頭を持ち上げる。この動きは何度か繰り返されることがあり、同時に足を後ろに引くこともあった（図4-19b）。

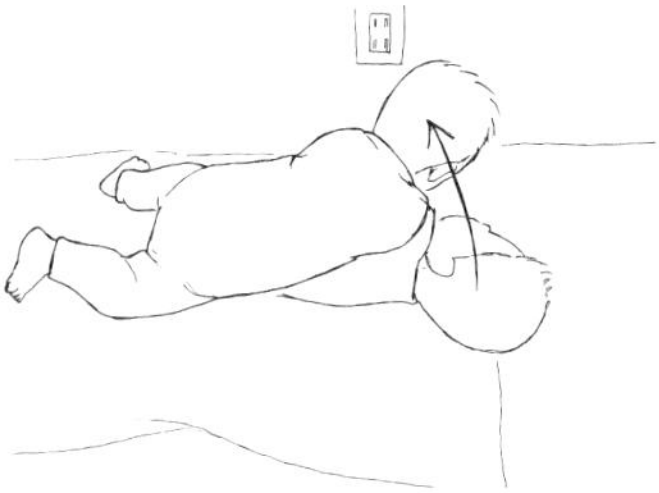

図4-20　D：5か月18日目に観察された寝返り
肘を支点に上体を捻り頭部を持ち上げていく。

3．頭を持ち上げた後、うつ伏せになるまで体が前に倒れていく（図4-19c）。

最初に大きく体を持ち上げる1．の動きは、五か月後半に頻繁に観察された体を曲げて両足を上げる動きと同じであろう。仰向けで頻繁に観察された動きから寝返りを始めているという点では、やはりKと共通している。

ではうつ伏せになる前の2．の動きはどうだろうか。横になった体勢から重い頭を前にもっていくという課題は、おそらくDにも共通したものと考えられる。この課題にたいして、Dは足を引きつつ首をかしげ頭を持ち上げるという動きを用いていたが、この動きはそれまで仰向けでいた時には観察されなかったものである。他にも、肘を支えにして体を捻っていく動きから頭を持ち上げることもあれば（図4-20）、そうした動きなしに勢いよくうつ伏せまで寝返ることもあった（図4-21）。

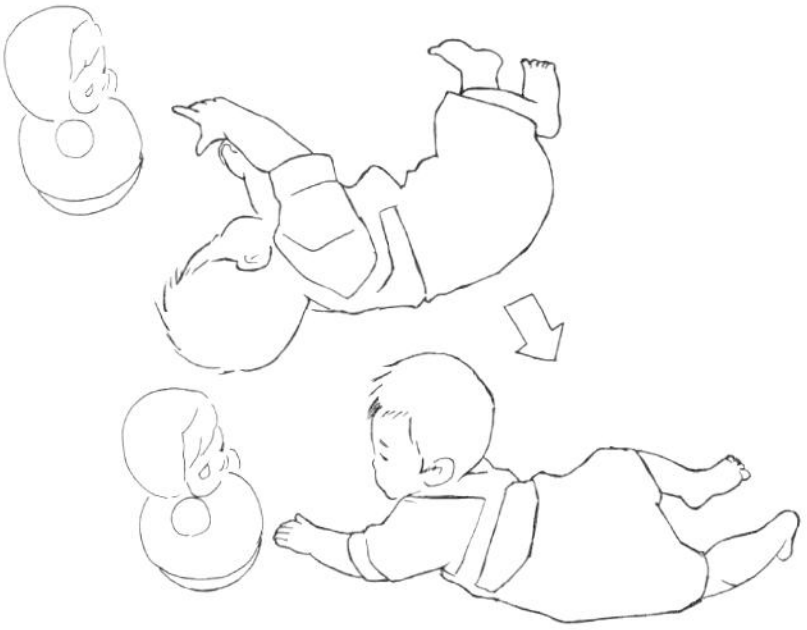

図4-21　D：5か月27日目に観察された寝返り
勢いよく回り，そのまま頭部が持ち上がる。

Kの場合、仰向けから体を持ち上げる時にも用いていた全身の屈曲の動きから頭を持ち上げていたが、Dは横になった体勢からそれまでとは異なる動きを探って頭を持ち上げている。Dのように体を曲げて横になっている体勢から頭を前にもっていくためには、Kのように全身を曲げる動きは適当ではないだろう。仰向けの体勢から体を大きく持ち上げる際に屈曲の動きを用いていたことと、頭を前にもっていくためにDがさまざまな動きを探っていたことは、多少なりとも関連しているように思われる。

　このようにして見ると、Kのように仰向けの姿勢の動きと寝返りの動きはすべてが直接的に繋がっているわけではないものの、Dも仰向けでの動きを背景にして寝返りを始めていたと考えられる。

4　寝返りの発達プロセスのまとめ

ここまで、KとDが寝返りを始めるまでの発達プロセスを見てきた。図4-22はここまで見てきたそれぞれの発達プロセスを概略として示したものである。以下、これをもとに観察の結果をまとめておこう。

寝返りの開始と環境探索活動の発達

まず、五か月後半にはK、Dはともに、仰向けの体勢から視線の先の方向に体を大きく動かすようになっていた。そして、図4-22にも図示したように、その時に用いていた動きを主に用いながらK、Dは寝返りを始めていた。つまり、周囲を見回す、見ている方向へ体を持ち上げるといった、仰向けでの環境探索活動の発達の延長線上で、KとDは寝返りを始めていたのである。ここでは二名の乳児の発達プロセスしか見ていないが、乳児が仰向けの体

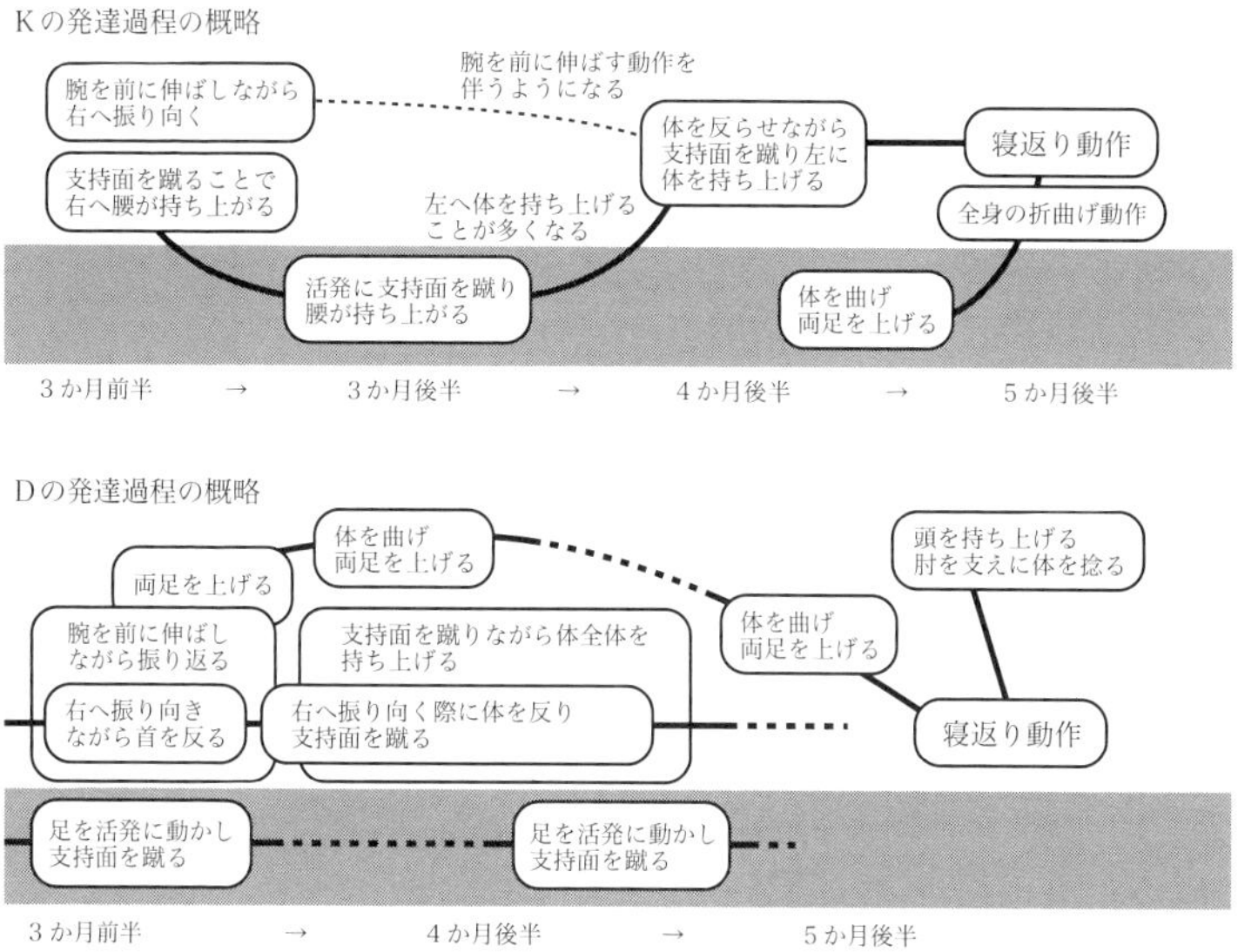

図4-22　KとDが寝返りを始めるまでの動きの変化の系列
グレーの部分は，その動作が見ることと無関係に行われていたことを示す。

勢で周囲を見回したり玩具のほうに体を向けたりしていくうちに寝返りを始めるという発達の大筋は、そう突飛なものではないだろう。

動きの変化の多様性

ただ、環境探索活動の発達の延長線上で寝返りを始めるとしても、足を活発に動かして見ている方向とは無関係に体が持ち上がる時期があるなど、その発達プロセスはK、Dともに直進的なものではなかった。そして、ここまで見てきたようにKとD、それぞれの発達プロセスの背景にはさまざまな動きの変化の系列があった。

図4−22にも示したように、体を反らせて支持面を蹴る動きは、Kの場合は三か月後半から活発に行われた支持面を蹴る動きが、Dの場合には三か月前半から観察された右へ振り返りながら首を反る動きが、それぞれ変化したものであった。同じような動きであってもKとDでは異なる動きに発達的な由来をもっていたと言える。

そして、Kの支持面を蹴る動きは左のほうへ体を持ち上げることが多くなっていく、Dの右に振り返る際に首を反る動きの癖は体全体を反るように拡大していくなど、それぞれがユニークな変化を経ていた。

動きの発達的消失

また、ある時期に頻繁に観察された動きが次の時期にはあまり観察されなくなるということもあった。これについても図4−22をもとに見ていこう。

Dの場合、体を反らせながら支持面を蹴る動作が五か月前半に頻繁に観察されたが五か月後半にはあまり観察されなくなり、Kのように寝返りに用いられることはなかった。また、Dは三か月前半、五か月前半に活発に支持面を蹴っていたが、その動きは次の時期にはあまり観察されなくなり、Kのような発達的な変化は認められなかった。

こうした事例を見ていくと、ある時期に観察された特徴的な動作はその後の発達プロセスに必ずしも関与するわけではなく、消失していくこともあると考えられる。

その他の動きの発達的変化

他にも、Dは三か月後半、腕を前に伸ばしながら振り返る際に両足を上げることがあり、Kよりも早く四か月前半には体を曲げながら両足を上げていた。また、詳しくは触れなかったが、振り向きながら腕を伸ばす動きは、K、Dともに三か月前半より観察され、体を反るなどのその他の動きに付随するような形でその後もコンスタントに観察されていた。

このように寝返りが始まるまでの発達プロセスには、変化しつつその後の発達に関与するもの、その後の発達には関与せず消失するもの、出現時期の異なるもの、早期に発生しその後もコンスタントに現れるものなど、さまざまな動作の発達的変化があった。

イントリンジック・ダイナミクスと動きの発達的由来

ここで、テーレンのリーチングの研究（76頁参照）について復習しておこう。彼女の研究ではリーチングの始まる前の各乳児の腕の動きの特徴、イントリンジック・ダイナミクスが、リーチングの始まる時に解かなければならない課題の解決方法と、始まってすぐのリーチングの動きに影響を与えていたことが示されていた（Thelen et al., 1993）。

それと同じように、K、Dが五か月後半の環境探索活動に頻繁に用いていた特徴的な動きは、始まってすぐの寝返りや、頭を前にもっていくという課題の解決方法に影響を与えていた。また、Kの活発に支持面を蹴る動き、Dの右に振り向く際に首を反らせる癖は、体を反らせて支持面を蹴る全身の動きの発生に影響を与えていた。こうしたK、D、それぞれの発達プロセスの中に現れた特徴的な動きは、その後の発達に影響を与えているという点で、テーレンの言うイントリンジック・ダイナミクスと見ることができるだろう。

これについてもう少し考えてみよう。九〇年代以降、テーレンはさまざまな要素の相互作用により生じる系全体の振る舞いの発達的変化の軌跡を、集合変数によって描くという研究プログラムを提唱していた（77-78参照）。こうしたプログラムのもとに研究がなされているためか、各乳児のイントリンジック・ダイナミクスも腕の動きの速度や軌道といった少数の測定値から特徴づけられている。そのため、彼女の研究を見ると、個々の乳児の発達は一つ、もしくは二〜三の測定値の変動として記述できるような印象を受ける。ここで見てきたKやDの特徴的な動き、例えば足の動きの活発化や右へ振り向く際の首の伸展傾向も、筋電や速度などの測定値の変動から追うことはできるかもしれない。

ただ、この章の観察から、そうした特徴的な動きが、その後に発生する他の動きの発達的な由来となり、それ自体も別の動きに由来を持っているということが見えてきた。そうした特徴的な動き、イントリンジック・ダイナミクスは、それ自体変化していく。そして、それと並行して、消失、発達的に変化するなど、さまざまな動きの系列の複合的な変化が生じていたことも見えてきた。

それゆえ、KとD、それぞれの個の発達プロセスは、少数の測定値を追うだけでは十分にとらえることのできないような、多様な動きの複合的変化だったと言えるのではないのだろうか。イントリンジック・ダイナミクス—運動の個には、テーレンと異なる方法でアプローチできるのかもしれない。

Ⅴ章　動きの群としての個の発達

寝返りをするようになった乳児は、その後どのようにハイハイを始めるようになるのだろうか。この章ではⅣ章の研究手法を踏まえつつ、その発達プロセスを追っていく。

1　寝返りからハイハイに至るまでの運動発達——研究の指針と手法

Ⅳ章ではテーレンの研究やイントリンジック・ダイナミクスの概念を足掛かりにしつつ、二名の乳児が寝返りを始めるまでの発達プロセスを観察してきた。その結果、イントリンジック・ダイナミクスの変化と並行して、さまざまな動きの複合的な変化が生じていることが見えてきた。個の発達は、少数の限られた尺度ではとらえられないような複合的な変化のプロセスなのかもしれない。

このことをくわしく検討していくために、ここではⅣ章で行った日常の環境の活動に着目した研究手法を推し進めつつ、寝返りが始まり自分でうつ伏せの体勢を取れるようになった乳児がどのようにハイハイを始めるようになるのか、その発達プロセスを追っていくことにする。

観察の指針——うつ伏せの動きの多様性

分析を始める前に、乳児がハイハイをするようになるまでの発達プロセスに関連して、これまでどのような研究がされてきたのか見ていくことにしよう。

発達が進んでいく中で、うつ伏せになった乳児はさまざまな姿勢や動きのパターンを示す(Gesell & Ames, 1940；Goldfield, 1989, 1995；前川、二〇〇三)。うつ伏せでの乳児の移動、ハイハイというと、両手、両膝で体を支えてお腹を床から持ち上げ、両腕と両足を交互に動かして前に進む様子が思い浮かぶ。こうした動きは専門的には四つ這いと呼ばれる。しかし、乳児がうつ伏せで移動する際の姿勢、動きのパターンは四つ這いだけでなく、お腹が床についたまま這っていく腹這い、両膝ではなく両足の足底を支持面につけて体を支え腰を高く持ち上げる高這いなどがある。また、乳児は前方へ移動するだけでなく、四つ這いの姿勢で体を前後に揺するロッキング、床についたお腹を軸に体の向きを変えていくピボットなど、さまざまな運動を行う。

また、乳児はこうしたさまざまな動きを身につけることでさまざまな環境の探索活動ができるようになる。例えば、腹這いによって前方へ移動することもあれば、ピボットによって周囲をパノラマ的に見回すこともあるだろう。

ゴールドフィールドはこうしたうつ伏せでのさまざまな運動がそれぞれ環境内での活動においてどのような機能を果たしているのか、定位（orienting）、推進力（propulsion）、舵取り（steering）という三つの観点からまとめている（Goldfield, 1995）。それぞれ、定位は姿勢のバランスを維持する機能、推進力は体を前に押し出す機能、舵取りは方向を変える機能を指している。ゴールドフィールドによれば、ピボットは舵取り、ロッキングは定位の機能をもっており、四つ這いは定位、推進力、舵取りすべての機能を持つとされる。

このゴールドフィールドの指摘から、四つ這いは環境内における探索活動のさまざまな機能が統合された複合的な動きのパターンであり、それゆえ複数の動きにその由来をもつと考えられる。では、ピボットやロッキングなど、環境にたいして異なる機能を持つさまざまな動きのパターンは発達プロセスにおいてどのように発生し、そして四つ這いの動きにいたるのであろうか。この点に焦点をあてながら発達プロセスを追っていくことにしよう。

対象となる映像資料と観察手続き

以上のことをふまえ、寝返りで自分からうつ伏せの姿勢を取るようになった乳児がハイハイをするようになるまでの発達プロセスを、動きの発達的変化とそれに伴う環境内での探索活動の変化に焦点を当てながら追っていく。

観察にはⅣ章と同じ映像資料を用いたが、対象をKに絞り、寝返りが開始した五か月目から、四つ這いでの移動や自分でお座りをする様子が観察される八か月目までの発達プロセスを追っていった。

該当する期間の映像資料の中で寝返りが観察された場合、寝返りをしてうつ伏せになった後、どのような姿勢をとって体を動かし、そして環境を探索していたのか、周囲の状況と合わせて記録した。寝返りをしてうつ伏せになったあと姿勢や動きのパターンが次々に変化することがあったが、それらも順に記録していき、仰向けになる、お座りするなど、大きく体勢が変わった場合はそこで記録を中断することとした。寝返りの研究と同様、各月齢を一五日で区切り前半と後半に分け、約二週間ごとにそれらの記録をまとめていった。

2　うつ伏せでの動きの発達プロセス

先ほど、四つ這いはさまざまな機能が統合された複合的な動きではないか、と述べた。実際、四つ這いで移動を始めるまでの発達プロセスを観察していくと、非常に多くの動きのヴァリエーションが複雑に関わりながら変化していくさまが見えてくる。ここでは、それらの動きを「腕の動きの発達的変化」「足の動きの発達的変化」「四つ這いの姿勢と移動運動の発達的変化」の系列に分け、その変化を追っていく。

「腕の動きの発達的変化」ではうつ伏せの姿勢での上体の支持に関わり、主には視覚的な

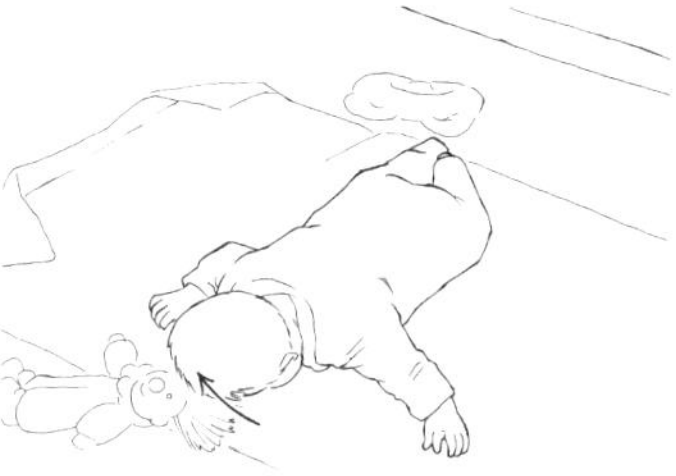

図5-1　K：5か月23日目
顔をあげて周りを見ていたがぐずり始める。

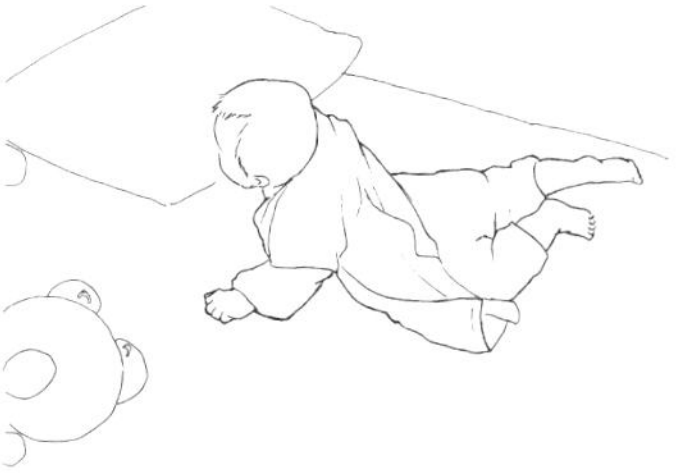

図5-2　K：5か月28日目
前を見ていたが，左へ少し振り向く。

環境探索活動に繋がる腕の動きの変化について見ていく。それにたいして「足の動きの発達的変化」は腰の支持に関わり、支持面を蹴ることで得られる前方への推進力へと後に繋がっていく足の動きの変化である。そして「四つ這いの姿勢と移動運動の発達的変化」では、上体と腰を支えて体を持ち上げる四つ這いの姿勢と、前進運動に関わる動きの変化を追っていく。

腕の動きの発達的変化

五か月後半

寝返りが始まったこの時期、Kは寝返りをした後、顔を支持面にこすりつけ、ぐずったり泣いたりすることがあった（図5-1）。この後、親が抱き起こして仰向けに戻すこともあり、こうした様子だけを見るとKは意味もなく寝返りをしているように思える。しかし、Kは寝返りをした後にすぐにぐずり始めるわけではなく、両腕を

図5-4a　K：5か月21日目
寝返りをした後，左へ振り向き姿勢を整える。

図5-3　K：5か月29日目
両手をつき直して右を見る。

図5-4b　K：5か月21日目
寝返りをした後，腕を上げて勢いよく頭を持ち上げる。

横に広げながら頭を上げて周囲を見ることがあった（図5-2）。

また、Kは両肘をつく、両手をつくなど、左右対称に腕を動かすことで上体を支えて頭を上げ周囲を見ていた（図5-3）。それにたいして、片方の腕は手をつきつつもう一方の腕では膝をつくなど、左右非対称に腕を動かして上半身を支えて周囲を見ることもあった（図5-4a）。また、片腕で上体を支え、もう一方の腕を前に高く上げる様子も観察された（図5-4b）、これも非対称的な腕の動きによる上体の支持と言えるだろう。このように、Kはさまざまに腕を動かして上体を支え、周囲を見回していた。

図5-5　K：6か月7日目
寝返りをした後，前方を見る。

図5-6　K：6か月29日
右側にあるおきあがりこぼしに左手でリーチングする。

六か月前半

寝返り自体があまり観察されなかったこともあり、動きのヴァリエーションもあまり観察されなかった。ただ、Ｋは両腕で上体を支えて前を見ながら体を左右に揺することがあった（図５‐５）。

六か月後半

Ｋは寝返りをした後、うつ伏せの体勢ですぐ近くにあった玩具へリーチングするようになっていた（図５‐６）。目の前の対象にリーチングをするには片方の腕を玩具のほうに伸ばしながら、もう一方の腕だけで上体を支えなければならない。つまり、うつ伏せでのリーチングでは両腕を非対称的に用いることがポイントになる。その点で、うつ伏せでのリーチングは五か月後半に観察された非対称的な腕の動きに由来を持っているように見える。

また、この時期には右のほうにピボットする様子も観察

図5-7　K：6か月29日目
おきあがりこぼしに触れて遊んでいたが，右に大きく動いてしまい，それを追う。

図5-8　K：7か月13日目
前を見ながら手をつき直す。

された。ピボットは片腕で体を支えてもう一方の腕を伸ばしていくという点で、リーチングの動きを左右交互に繰り返す動きとも言える。実際、リーチングを行い、その動きがそのままピボットに繋がっていたこともあった（図5-7）。それまでは上体を支持して頭を持ち上げ、首を左右に振ることで周囲を見回すだけであったが、このように腕を非対称的に動かすことでKは玩具などに向けて大きく体を動かし、パノラマ的に周囲を見回すことができるようになっていた。

七か月前半

両腕の動きにさらに別のヴァリエーションが観察されるようになる。Kは片腕で上体を支えつつも、もう一方の腕を少し支持面より持ち上げて後ろに引いていた（図5-8）。この動き自体はリーチングやピボットのような環境探索活動とは言えないものの、Kはただ支持面上で上体を

図5-9　K：7か月13日目
下を見ながら両手で支持面を押す。

図5-10　K：7か月28日目
母がKの少し手前にリモコンを置き，そのリモコンをつかむ。

支持するだけでなく、より細かな姿勢の調整を行うようになっている。

　また、上体を支持しながら両腕で支持面を押すことで、後ろに体を退くこともあった（図5-9）。この時期にはKは体が動くぐらいしっかりと支持面を押すことができるようになっている。ただ、その腕の力は前方への移動にはうまくつながっていない。前方への移動ということを考えると単純な力の強さだけでなく、支持面にたいしてどのように力を込めるか、ということも重要になるのだろう。

七か月後半

　Kは片腕でリーチングするだけでなく、両肘で上体を支持しながら両手でリモコンをつかんでいた（図5-10）。また、片方の腕では肘をついて上体を支えつつ手で紐の端をつかみ、もう一方の腕を自由に動かし紐を引っ張るなど、対象の複雑な操作も観察された（図5-11）。普通、肘をつ

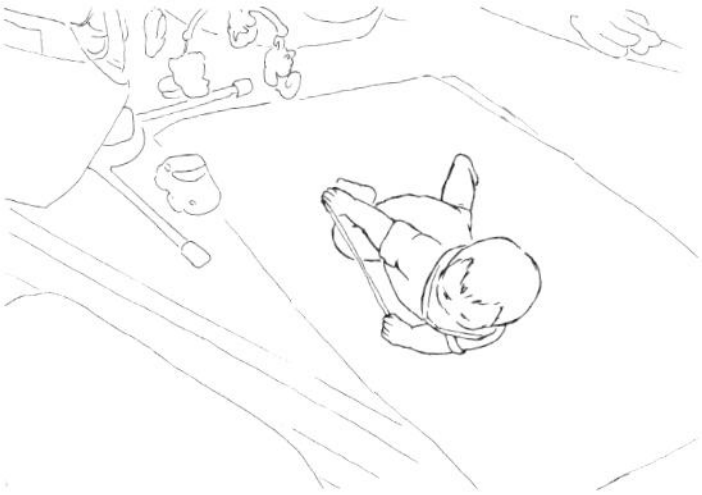

図5-11　K：7か月16日目
持っていた紐で遊ぶ。

くよりも両手をついて体を持ち上げるほうが発達は進んでいると考えがちである。しかし、この時期にKは肘で体を支えることによって、対象を両手で複雑に扱っていた。

ここまでの発達プロセスの中で、上体支持による環境への定位と視野の確保、リーチング、ピボット、姿勢の調整、両手での対象の操作など、Kは周囲の環境にたいしてさまざまな活動を行っていた。そして、ここまで見てきたようにそれらの機能的に異なるさまざまな環境中の活動は両腕の対称的な動き、非対称的な動きが変化していくことで可能になっており、それらの動きのヴァリエーションは相互に繋がりを持ちつつ発生していた。

足の動きの発達的変化

次に足の動きの発達的変化を追っていく。時間軸が前後するが、再び五か月後半から見ていこう。

図5-12　K：5か月29日目
周りを見ていたが，ぐずり始める。

図5-13　K：6か月2日目
左右を見回した後，顔を布団に埋める。

五か月後半

Kはぐずりながらも両足を曲げて腰を持ち上げることがあった（図5-12）。腰が持ち上がる際に頭部は下がってしまうため、視野はふさがれる。こうした動きは環境探索という点では機能的ではないようにも見える。とはいえ、ここでは後に続く発達の経過をじっくりと追ってみることにしよう。

六か月前半

今度は両足を交互に屈曲・伸展して支持面を蹴り、腰が持ち上がっていた（図5-13）。この時期には前に進むほど十分な力が得られていないが、四つ這いで前に進む際に必要になるであろう周期的な足の動きが芽生えているように見える。

図5-14　K：6か月23日目
前方にあるおもちゃに手を伸ばすが届かず，顔を布団にこすりつける。

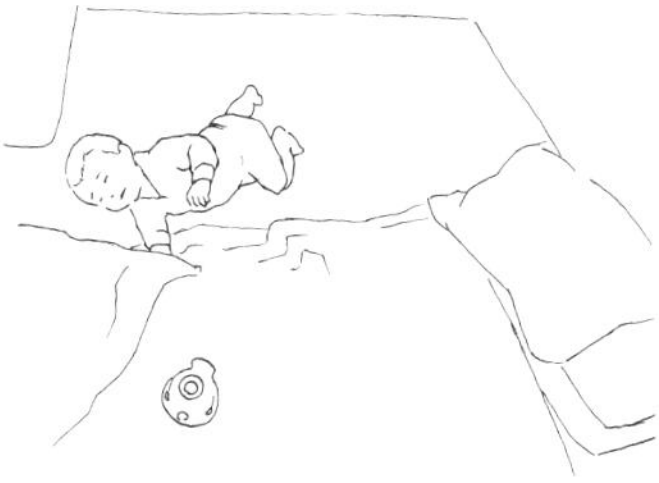

図5-15　K：6か月29日目
ぐずった後，そのまま右へ体を倒していく。

六か月後半

それまでとは異なる足の動きのヴァリエーションが観察される。Kは片足を支持面につっぱり腰を持ち上げていた（図5-14）。ここまでを振り返ると足の動きは、両足で支持面を蹴る、両足で交互に支持面を蹴る、片足で支持面を蹴る、という順に観察されている。そして、この時期には片足で腰を持ち上げるほど、十分な力がついてきているように見える。

こうした片足で支持面を蹴る動きは、ただ腰を持ち上げるためだけに用いられているわけではなかった。六か月前半、Kは上体を持ち上げ体を左右に揺することがあったが（130頁、図5-5参照）、この時期になると、左足を前のほうにつっぱりながら、横になるまで右のほうへ大きく体を倒すようになっていた（図5-15）。この動きから仰向けまで体を倒していくことによって、Kは親の助けなしで自分から仰向けに戻るようになっていた。そして、仰向けに戻った後再び寝返ることで、部屋の中を横に転がって移動するようになっていた。

五か月後半には一見すると環境探索活動にとっては機能的でないように見えた足の動きも、変化していくことで仰向けに戻る際の全身の動きに組み込まれるようになっていた。こうした足の動きの変化は、四つ這いの姿勢の維持、さらには前進の移動運動に繫がっていく。次に、そのプロセスを見ていくことにしよう。

四つ這いの姿勢と移動運動の発達的変化

ここまでは上体、腰、それぞれを部分的に持ち上げる動きについて、そのヴァリエーションの発生を見てきた。一方、四つ這いの姿勢を取るには腕による上体の支持と足による腰の支持、その両方をうまくバランスをとりながら同時に行う必要がある。実際、五か月後半の時点でKは、腕で上体を支える、足で腰を持ち上げる、これらを別々には行うことができたが、その両方を同時に行うことはできないようであった。では、Kはいつから四つ這いの姿勢をとれるようになったのであろうか。

図5-16　K：6か月29日目
下のほうを見ながら畳をいじり，左足を屈曲する。

図5-17　K：7か月10日目
前方にいる母親を見ながら体を揺する。

六か月後半

お腹は支持面より十分に上がっていないものの、Kは両腕で上体を支えながら腰を持ち上げていた（図5-16）。動きを詳しく見ていくと、Kは両腕を非対称的に動かして右肘、左手で上体を支え、左足を屈曲して腰を持ち上げていた。左足のみで腰を持ち上げる動きはこの六か月後半で初めて観察されており（135頁、図5-14参照）、非対称的な腕の動きによる上体支持は五か月後半より観察されている（129頁、図5-4参照）。これらの動きを組み合わせ、Kは四つ這いの萌芽的な姿勢をとっていた。

七か月前半

七か月前半になると、Kは上体と腰をしっかりと持ち上げ、四つ這いの姿勢をとるようになっていた。両腕、両足の対称的な構えからしっかりと体を支えて四つ這いの姿勢をとることもあれば（図5-17）、片方の腕は肘をついても

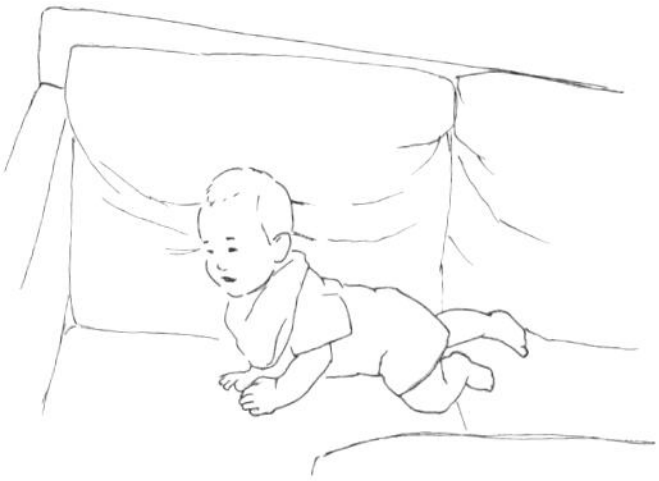

図5-18　K：7か月10日目
前方の母親のほうに目をやり，体をソファーに預ける。

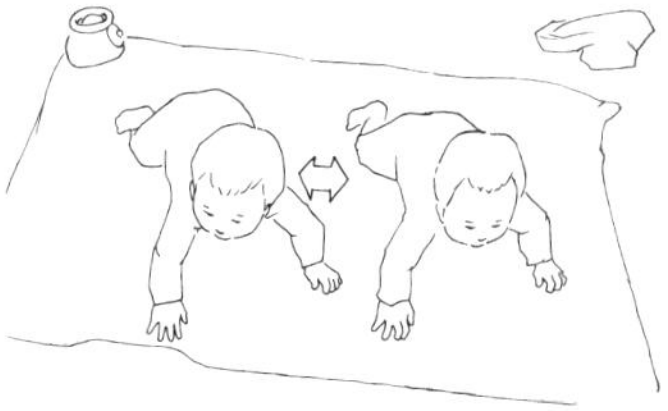

図5-19　K：7か月20日目
四つ這いの姿勢で左右を見ながら体を揺する。

う片方の腕は手をついて上体を支える、片足で腰を持ち上げるといった、腕や足の非対称的な構えによって四つ這いの姿勢をとることもあった。こうした非対称的な構えによって四つ這いの姿勢をとる時にはソファーの背もたれを用いることもあった（図5-18）。

この時期、四つ這いの姿勢で両足を屈曲、伸展しながら腰を上げ下げしたり、左足を支持面につっぱることで腰を大きく持ち上げたりすることもあったが、前進することはなかった。四つ這いの姿勢をとれるようにはなったものの、その姿勢を維持しながら足で支持面を蹴って前に進むことはできないようである。

七か月後半

四つ這いの姿勢にさまざまなヴァリエーションが観察されるようになる。まず、四つ這いの姿勢で体を前後に揺するロッキングが観察された（図5-19）。また、四つ這いの

図5-20　K：7か月28日目
四つ這いの姿勢で母親の差し出す玩具を見る。

図5-21　K：7か月28日目
四つ這いの姿勢から，母親が目の前に置いたリモコンへ手を伸ばす。

姿勢から両足をつっぱり、高這いの姿勢をとることもあった（図5-20）。

七か月前半にも四つ這いの姿勢で非対称的な腕の構えをとることがあったが、そこから発展し、片方の腕で体を支えて四つ這いの姿勢を維持しつつもう一方の腕を前に伸ばすことがあった。それと同じように、腕を伸ばしながら同時にそれとは反対側の足を前に出すことで、少しではあるが前のほうに進むこともあった（図5-21）。長く継続する動きではないが、四つ這いの姿勢を維持しつつも両腕を非対称的に動かし、その動きに合わせて足を動かすという全身の協調運動が芽生えている。

八か月前半

Kは活発に足を動かし前方へ移動するようになる。例えば、Kは頭を下げたまま片足を突っ張って少し前に進んだり（図5-22）、両足を交互に動かして腰を持ち上げ少し前

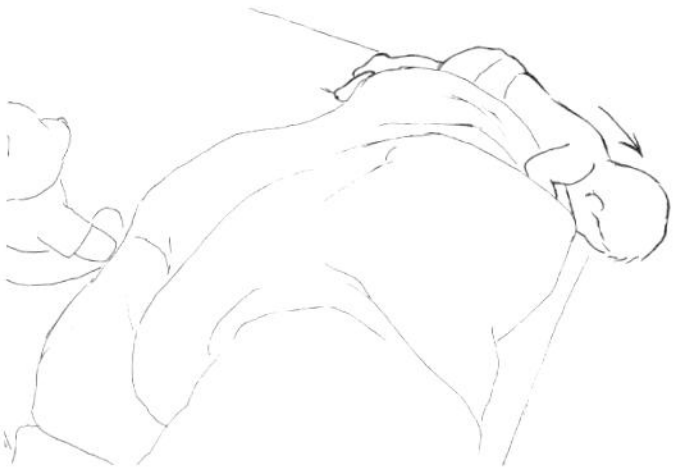

図5-22　K：8か月8日目
ベッドの下を覗きこむ。

図5-23　K：8か月8日目
頭を下げた体勢から足を突っ張って前に進もうとする。

図5-24　K：8か月8日目
母親の居る前方を見ながら移動していく。

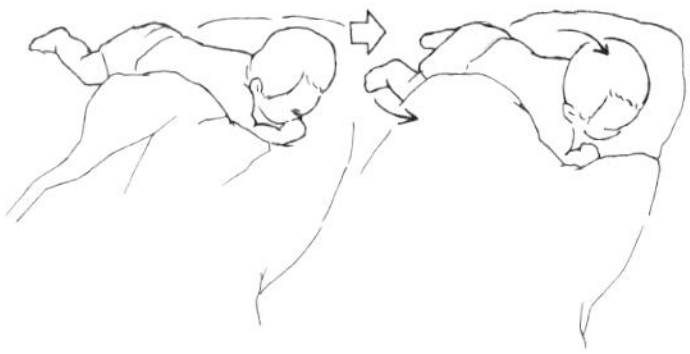

図5-25　K：8か月8日目
活発に四肢を動かし前に進もうとする。

に進むことがあった（図5-23）。片足を突っ張る動き、両足を交互で交互に支持面を蹴る動きはこれまでにも観察されていたが、この時期になると前に体を進めるぐらい十分に力強いものになっている。また、片方の腕で上体を支えつつもう一方の腕を前に伸ばし、同時に片足を突っ張りながらもう一方の足を前に出して前に進むこともあった（図5-24）。

　また、四つ這いの姿勢から両腕で支持面を押さえ、

図5-26　K：8か月8日目
お座りをしながら後ろを振り向きぬいぐるみを見る。

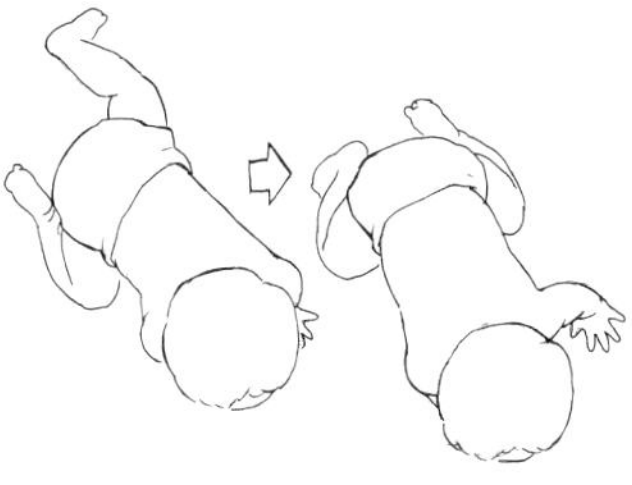

図5-27　K：8か月23日目
母親の居るほうへ四つ這いで移動していく。

片足を前に出しつつもう一方の足を突っ張ることで少し前に進む様子も観察された（図5-25）。この時期、頭が下がった姿勢や上体を持ち上げた姿勢で前に進む様子は何度か観察されたが、四つ這いの姿勢で前に進む様子はこの一度しか観察されなかった。四つ這いの姿勢を維持したまま手足を動かして前に進むのはまだ難しいようである。

この時期になるとKは四つ這いや高這いの姿勢から腰を落とし、自分からお座りの体勢をとるようになっていた（図5-26）。Kの場合お座りの動きは四つ這いの姿勢から派生していた。

八か月後半

Kは片方の腕を前に伸ばすのとほぼ同時にその反対側の足を前に踏み出すことで、腕と足の動きをしっかりと連動させながら四つ這いの姿勢で前方へ移動するようになっていた（図5-27）。

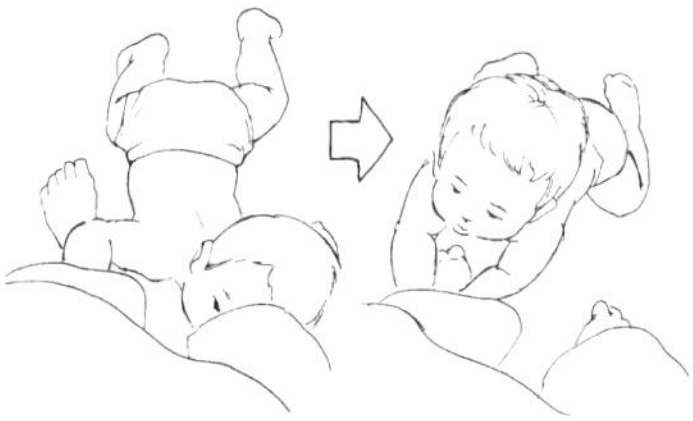

図5-28　K：8か月23日目
四つ這いで母親のところまで移動し，足をつかむ。

他にも、Kは四つ這いの姿勢から右手で母親の足をつかんだ後、左足を前に踏み出しながら左手でも母親の足をつかんで膝立ちをするようになっていた（図5-28）。お座りと同様、膝立ちも四つ這いの姿勢から派生しているようであった。

3　観察結果のまとめ――環境探索活動の発達と動きのヴァリエーションの発生

環境の探索モードの変化

ここまでの観察結果を振り返ってみよう。五か月後半では、Kは寝返りをしても何もできず泣き始め、親が仰向けに戻すことがあった。ただ、この五か月後半の時点で、Kは寝返りをした後に頭を上げる、腕で体を支えて胸を持ち上げるなどして周囲を見回していた。そして六か月後半ではリーチング、ピボットが始まり、七か月前半では両手で複雑に物を操作するなど、環境探索活動のモードはさまざまに変化していた。七か月後半からは少し前方に移動する様子が観察され、八か月前半には自分でお座りをするようになっていた。八か月後半になると、腕と足の協調した動きによって四つ這いでの移動を始めていた。

このように、寝返りが始まってから四つ這いでの移動を始めるまでの発達プロセスにはさまざまな環境探索モードの変化があった。そして、これまで見てきたように環境の探索モードの変化は動きのヴァリエーションの発生と複雑に絡み合っていた。この動きのヴァリエーションの発生について詳しく見ていくことにしよう。

動きのヴァリエーションの発生――分岐と合流

ここまで動きの発生を「腕の動き」「足の動き」「四つ這いの姿勢と移動運動」と三つの系列に分けて追っていった。しかし、実際の発達プロセスではそれらの変化の系列は並行して生じており、相互に関わりながら進行している。発達プロセスを追っていく際に図版とともに提示した二八の主要な動きのパターンの発生を、同一の時間軸上に整理し配置したのが図5-29である。この図から発達のプロセスを改めて追ってみよう。

図5-29を見ればわかるように、五か月前半から八か月前半にかけて動きのパターンが

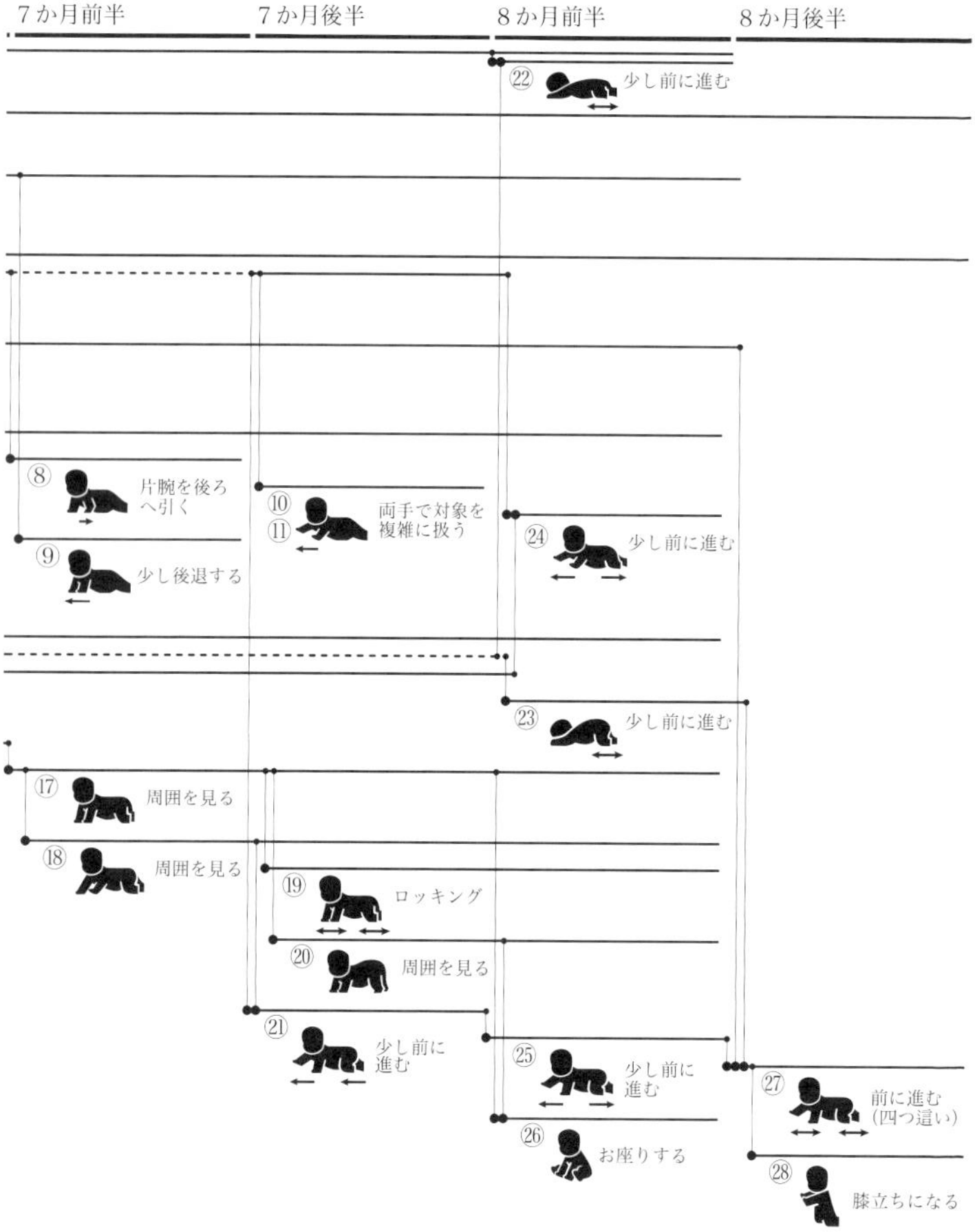

7か月前半
7か月後半
8か月前半
8か月後半
㉒ 少し前に進む
⑧ 片腕を後ろへ引く
⑨ 少し後退する
⑩ ⑪ 両手で対象を複雑に扱う
㉔ 少し前に進む
㉓ 少し前に進む
⑰ 周囲を見る
⑱ 周囲を見る
⑲ ロッキング
⑳ 周囲を見る
㉑ 少し前に進む
㉕ 少し前に進む
㉖ お座りする
㉗ 前に進む(四つ這い)
㉘ 膝立ちになる

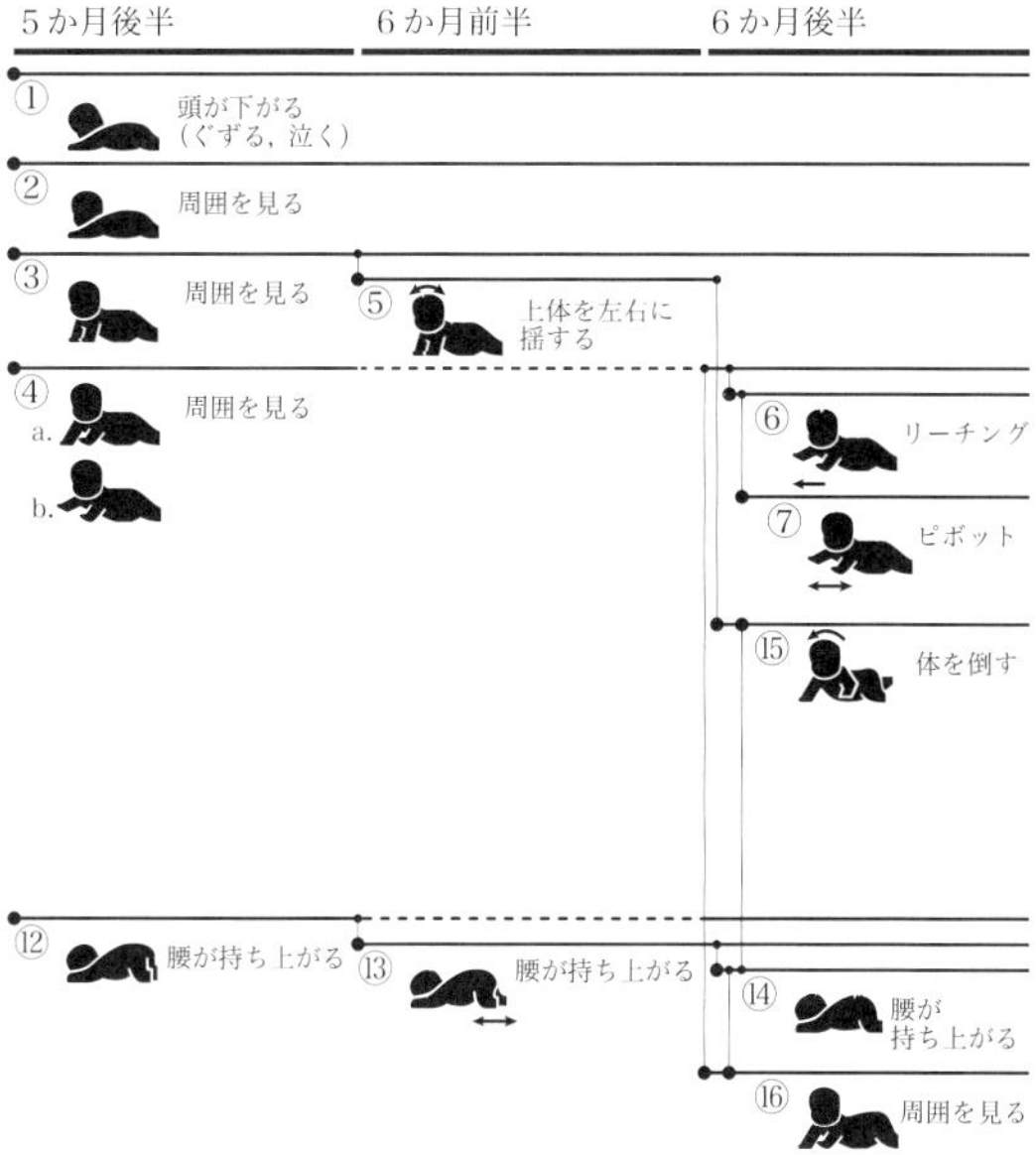

図5-29　うつ伏せでの動きのヴァリエーションの一覧

1．番号とアイコンついて
番号は，V章の図の番号と対応している（例　図5-21→㉑）。
各アイコンは図に示した動きのパターンを記号化したものである。

2．姿勢の示し方について
頭や胴体の位置はそれぞれ乳児の姿勢を示している（例　頭が上がる，腰だけ持ち上がる等）。

3．腕，足の動きの示し方について
上体もしくは腰が持ち上がっており，腕，足が揃って描かれている場合は対称的な運動パターンで体を支えていること，揃っていない場合は非対称的な運動パターンで支えていることを示す。例外的に⑭⑮⑯は片足だけで支持面を蹴り，腰を持ち上げていることを示している。

腕と足，それぞれの下に置かれた矢印は，腕，足に矢印方向の動きがあること，両矢印は左右交互に連続した動きがあることを示す。

4．各運動の観察時期と関係について
各アイコン上部から伸ばされた実線はその運動パターンが該当する期間中に観察されたことを示す。一度観察されなくなり，その後再び観察された場合，観察されなかった期間を点線で示した。運動パターンの間に類似点が認められる場合は縦方向の細線で繋ぎ，先に観察されたほうに小さい黒丸を，後に観察されたほうには大きい黒丸を付した。

次々に分岐していき、多くの動きのヴァリエーションが見られるようになる。そして、寝返り自体があまり観察されなくなることもあり、四つ這いでの移動が始まる八か月後半では観察される動きのヴァリエーションは減り、いくつかの動きのパターンは四つ這いの移動へと合流していく。

さらに丁寧に見ていくと、こうした動きのヴァリエーションの分岐と合流に類似した現象は部分的にも起こっていることがわかる。腕で上体を支える姿勢における腕の動きのヴァリエーションは五か月後半より次々に分岐していく（図5-29③〜⑪、㉔ 以下、図中の番号のみを示す）。そうして動きが分岐していく中で、六か月後半ではリーチング（⑥）、ピボット（⑦）といった新たな環境探索活動を伴う動きのパターンが発生している。

一方、腰を持ち上げる姿勢でも足の動きのヴァリエーションは分岐していくが、新たな環境探索活動は八か月前半を除いて見られず動きのヴァリエーションも六か月後半以降はほぼ分岐しなくなる（⑫〜⑭、㉓）。

このようにそれぞれ異なる姿勢で、腕と足、それぞれの動きのヴァリエーションは分岐していくが、それらのヴァリエーションが部分的に合流することで、六か月後半で体を左右に倒す動き（⑮）、上体と腰を同時に持ち上げる動きが（⑯）、それぞれ発生する。最初は上体と腰を同時に持ち上げていても、お腹まではしっかりと持ち上がっていなかった。しかし、七か月前半からＫはお腹までしっかりと持ち上げて四つ這いの姿勢をとり、周囲を見るようになる（⑰⑱）。四つ這いの姿勢は、腕で上体を支えて周囲を探索する動き、足で支持面を蹴り腰を持ち上げる動き、これら二つの動きのヴァリエーションにその由来を持っていた。

七か月前半以降、腰を持ち上げる動きにヴァリエーションの分岐はあまり見られなくなるが、その一方で四つ這いの姿勢での動きのヴァリエーションは次々に分岐していき、ロッキング（⑲）や高這いの姿勢（⑳）が見られるようになる。またそれと並行して腕で上体を支える動きのヴァリエーションも分岐しており、リーチングやピボットだけでなく、床を押して少し後退する（⑨）、対象を両手で複雑に扱う（⑩⑪）などの新たな探索的活動が行われている。四つ這いの姿勢から分岐したロッキングや高這いの姿勢では周囲を見るといった探索しか行われていないのにたいして、上体を支える姿勢では引き続きさまざまな環境の探索活動を行っている。

八か月前半では足に十分に力を込めることができるようになったためか、足で支持面をしっかりと蹴り、四つ這いの姿勢だけでなく頭が下がった姿勢などのさまざまな姿勢で前に進む様子が観察されている（㉒㉓㉔㉕）。足で支持面を蹴り腰を持ち上げる動きはあまり観察されなくなるが、その発達は潜在的に進んでおり、さまざまな姿勢での移動運動の発生を支えていると考えられる。

八か月後半になると腕の動きと協調させながら両足を交互に動かしてしっかりと支持面を蹴り、四つ這いの姿勢で前に進むようになる㉗。両足で交互に支持面を蹴る動き自体は六か月前半に観察されており⑬、その後もたびたび観察されていたが、この時期には前に進むのに十分な力を込めることができるようになっているのだろう。また、片腕でしっかりと体を支えつつ交互に腕を伸ばす動きは、動きの類似性からピボットの動き⑦に由来すると考えられるが、前方へと移動するように力を込める方向が調整されている。

このように四つ這いでの移動の由来となる腕と足の動きは比較的早くから観察されていたが、それらの動きを協調させ、かつ四つ這いの姿勢を維持して移動するようになるまでにはある程度の時間を要している。姿勢を崩さないように動きを協調させることができるようになるためには、腕と足、それぞれの動きの発達はもちろん、ロッキングや高這い、前方への移動など、さまざまな動きを通して力のバランスや方向の調整の仕方を探る必要があったのではないのだろうか。

乳児を取り囲む環境のレイアウト

このように四つ這いでの移動が始まるまでの発達プロセスでは、五か月後半の発端となるような腕や足の動きのパターンからさまざまなヴァリエーションが分岐しつつも、部分的に合流していき、そこからまた分岐、再度合流するといった複雑なプロセスによって体の動きが探られていた。また、それらの動きの分岐のプロセスには、周囲を見る、リーチングするなどの複数の環境探索活動が埋め込まれており、動きの分岐と環境探索モードの変容は絡み合いながら進行していた。

そして、こうした環境探索活動の周囲には、布団や床などの腕や足で押さえることができ、かつ見回すことのできる広がりをもった一様に広がる水平面、前方や横に置かれた玩具などの対象があった。また、すぐそばで見守り、話しかけたりあやしたりする親もいた。

環境と発達の関係を考えた時、前方に興味を引くような玩具などを置くことで四つ這いでの移動運動の発達が促進されるのではないか、という考えが浮かぶ。実際、親がそうした働きかけを行っている場面もあった（139頁、図5-20、図5-21参照）。しかし、ここまで見てきたように、四つ這いの移動にいたる発達プロセスには、前方への移動や注意以外にもすぐ横など、周囲への探索活動が埋め込まれており、それに対応する玩具などの対象物のレイアウトもその時々でさまざまであった。四つ這いの移動に至る発達プロセスの舞台となっているのは、前方に置かれた対象だけでなく、布団や床などのさまざまな水平面やすぐ近くの横に置かれた玩具、少し離れたところに置かれた物など、空間的、そして時間的にもグローバルな広がりを持った周囲の環境のレイアウトなのではないのだろうか。

ここでは観察されたもののなかから代表的な動きのヴァリエーションのみを取り上げていったが、実際の発達プロセスではより細かい動きの差異を含んだ、さらに多くのヴァリエーションが日々生じていた。そうした動きのヴァリエーションの積み重ねが、分岐と合流の大きな流れを形作っていたのである。さまざまなものが散在する環境のなかで、Ｋは周囲と、自らの体の動きを日々探索し、そして四つ這いでの移動を始めたのである。

Ⅵ章　運動発達研究の展開

Ⅳ章、Ⅴ章の観察結果をふまえながら、多重時間スケール、環境とヴァリエーション、運動の個、これらの問題について改めて考察し、運動発達研究の今後の展開を探っていく。

本書は、運動における個とは何か、という問いから始めた。Ⅱ章、Ⅲ章では運動発達研究の歴史を辿り、テーレンがイントリンジック・ダイナミクスという概念によって個を運動発達研究の表舞台に上げるまでのプロセスを見てきた。Ⅳ章ではイントリンジック・ダイナミクスの概念を手掛かりに二人の乳児が寝返りをできるようになるまでの発達プロセスを観察し、イントリンジック・ダイナミクスの変化の背景にはさまざまな動きの複合的変化があることを見てきた。この観察をふまえた上で、Ⅴ章では寝返りを始めた一人の乳児がハイハイを始めるまでの発達プロセスを詳細に追っていった。ここでは以上の成果をふまえ、運動発達研究の理論枠組みについて改めて考察を行い、それにたいして個がどのような意義をもつのかをふみ込んで考えていきたい。

1　ヴァリエーション・多重時間スケール再考

リアルタイムの運動と発達の関係をどのように考えるか

われわれの身体の振る舞いに見られるヴァリエーション（variation）（註5）が運動発達という現象にとって重要な意味を持つということは、ゲゼルやマグローも認めていたことであり（Gesell, 1945/1980；McGraw, 1989）、テーレンも繰り返し強調していたことである（Thelen & Smith, 1994）。そしてテーレン以降、近年の知覚・運動発達研究を主導してきたアドルフも、新たなスキルの学びや状況の変化がなくても乳児は動きのヴァリエーションを探っていることを指摘し、その重要性を指摘している（Adolph, Cole, & Vereijken, 2015）。研究史的な観点から見ても、ヴァリエーションは運動発達という現象をとらえる際にはずしてはならない基本的事項であると言える。

では運動発達という現象にヴァリエーションはどのように関わっており、そして研究していけばよいのであろうか。発達の本質に関わるものであるという共通した見解はあっても、実際の研究にどのように繋げるかについては、ここに挙げた研究者の間で必ずしも見解が一致しているわけではない。

註5　本書ではここまで、「変動」（variation）と「変動性」（variability）」の二つの言葉を、理論的にはほぼ同じ意味を持つものとして用いてきた（どちらの言葉を用いるかは研究者によってそれぞれ異なる）。「変動」「変動性」という言葉は日本語では量的な値の変化や可変性を指しているという印象を受け、ゲゼル、マグロー、テーレンもそうした文脈で用いているように見える。しかし、IV章、V章で見てきたような質的に異なるさまざまな運動パターンを指して、「変動」「変動性」という言葉を用いるのは適切ではないと考えられる。そこで、ここでは量的変化だけでなく運動の質的・離散的な変化も含むものとして、そのまま「ヴァリエーション」という言葉を用いることにした。

こうした理論的な問題にたいして、テーレンの提起する多重時間スケールの議論は一つのヒントになるだろう。例えば、ゴールドフィールドは研究に参加した乳児ごとに、うつ伏せでの運動パターンにどれだけのヴァリエーションが観察されたのかを調べ、ヴァリエーションの多さと四つ這いでの移動を開始した時期との関係を統計的に解析している（Goldfield, 1995）。その結果、より多くのヴァリエーションを示した乳児はより早く四つ這いでの移動を始めていたことが示されている。これは、ヴァリエーションが発達にとって重要な役割を果たすことを支持する結果と言えるだろう。

このようにリアルタイムでの運動に見られるヴァリエーションを量的に観測し、それと発達との速度の関連性を精査することで、そのヴァリエーションが大きなタイムスケールでの発達的変化に関わっていることを実証的に示すことは可能かもしれない。こうしたアプローチは、発達研究、心理学のベーシックな研究手続きに則ったものであり、かつ多重時間スケールの議論を実証的に検討する有力な一つの方法になりうるだろう。

ヴァリエーションの集積として発達を描く

一方、ここで考えたいのは、そうした量的、統計的アプローチ以外の可能性である。われわれは寝返りやハイハイ、歩行の開始を、月や年といった大きな時間スケールで生じる一つの段階的、飛躍的な変化と考えてしまいがちである。それは、例えば「五〜六か月で寝返りが始まる」といった言い回しにも表れている。この時、大きな時間スケールで生じる変化と、日常のなかのリアルタイムの活動はどこか切り離されてとらえられているのではないのだろうか。

それにたいして、本書のⅣ章、Ⅴ章では多重時間スケールの議論を手掛かりにしつつ、リアルタイムでの乳児の活動を密に観察し、その発達プロセスを追っていった。そして、リアルタイムの運動のヴァリエーションの集積が、発達的とも言える大きな変化の流れを形作っており、寝返りやハイハイが始まっていたことを見てきた。

寝返りやハイハイの開始は発達を見ていく上での一つのマイルストーンであり、乳児にとっても大きな変化であるかもしれない。しかし、それは段階的、飛躍的な変化というより、日々の膨大な活動が織りなす連なりの中の一つの結び目に過ぎないのではないのだろうか。KやDのリアルタイムの運動に見られるヴァリエーションは、数か月スパンでの発達的変化の大きな流れを形作っていた。テーレンは発達における多重時間スケールを細かく複雑な曲線からなる海岸線になぞらえたが、そうした入れ子化された発達の流れの一端が、KやDの発達プロセスには示されていた。

また、ゴールドフィールドはハイハイでの移動が複数の機能の複合体であることを示したが（Goldfield, 1995)、ＫやＤの発達プロセスではさまざまな動きが時間的な経過の中で変化しつつも、寝返りや四つ這いでの移動へと合流していく過程を見てきた。その中では、一見、寝返りや四つ這いでの移動に無関係のように思われる動きも、そこから変化していくことで寝返りや四つ這いでの移動の開始に関わっていた。それゆえ、ＫやＤが日々さまざまに体を動かすことで生じていたヴァリエーションは発達と無関係なものではなく、十分に発達上の意義を持っていたと考えられる。

こうした日常のさまざまな動きのヴァリエーションの連なりを見ていくことは、量的な計測や統計的な手法にもとづく実証性の強いアプローチとは異なるが、さまざまな事柄が複雑に絡みあう発達という現象の解明に十分寄与するものと考えられる。

さまざまなスケールで生じる変化を統一的にとらえるという点で、多重時間スケールは今日の発達研究にとって重要な概念である。しかし、ここで述べたアプローチもそこから示唆されるものの一部に過ぎないだろう。例えば、月や年単位で変化していく筋骨格系の成長はどのように日常の生活の身体的振る舞いの変化に関わり、発達に関わるのだろうか。今後この概念を軸にさまざまな研究手法が開発され、多面的に発達現象の解明が進んでいくことが期待される。

2　運動のヴァリエーションと環境の探索

有機体—環境概念再考

ここまで見てきたように、日常生活の中に見られるさまざまな運動のヴァリエーションがKやDの発達の流れを形作っていた。これについて、これまで時間スケールとの関係に焦点をあてて考えてきたが、それとは別にヴァリエーションと環境の関係をどうとらえるか、という重要な問題がある。

KやDの寝返りの発達プロセスで生じていたさまざまな運動のヴァリエーションは、仰向けの体勢から周囲を見回す、玩具に向かうなどの環境探索活動へと繋がっていた。また、ハイハイが始まるまでのプロセスで、Kの運動のヴァリエーションの分岐はピボットやリーチングなどの複数の環境探索活動に繋がっており、それらが合流することで前方への移動という環境探索活動が始まっていた。こうして見ると、玩具が置かれていたり親がいたりする環境を乳児が日々探索し、そして新たな探索のモードを経験することが発達を支える重要なファクターになっているように思われる。

一方、これまで見てきたKやDの発達プロセスのなかでは、必ずしも周囲の環境の探索に適当ではないような運動のヴァリエーションも見られた。たとえば、寝返りの発達プロセスに観察された足で支持面を蹴り乱雑に腰を持ち上げる動きや、ハイハイまでの発達プロセスで観察された足で床を蹴り腰を持ち上げるが頭が下がってしまうといった動きである。また、同じ環境探索活動でも、両手を用いるのか、片手を用いるのかといった、さまざまな動きのヴァリエーションが観察された。

こうした運動のヴァリエーションと周囲の環境の探索の関係を発達研究の理論枠組みからとらえようとするとき、有機体、ここでは乳児の側にヴァリエーションの発生の機構を置き、環境の側にその修正要因やヴァリエーションの発生を一定の方向に水路づけるような選択圧の要因を置くという図式が思い浮かぶ。言い換えれば、環境の探索に関わりなく乳児はさまざまな運動を行うことでヴァリエーションが生じ、横や前方に置かれた玩具などの環境の要因によって、それらのヴァリエーションが玩具のほうを見る、玩具のほうへ向かうといった環境の探索活動へと方向づけられていく、という発達の筋書きである。

しかし、こうした有機体と環境を二分する理論図式はゲゼルにも見られるものである (Gesell, Thompson, & Amatruda, 1934/1982)。有機体と環境にスタティックな線引きを設けたことが彼の理論の大きな欠点であることはすでに見てきた。われわれは、ヴァリエーションと環境探索活動の関係においても、そうした理論図式を安易に採用することは控えたほうがよいのかもしれない。ここでは両者の関係についてそれとは異なるアプローチの方法を考えてみたい。

身体と環境の関わりの探索

ハイハイの発達プロセスを見ていくなかで、そのプロセスは複数の環境の探索活動が埋め込まれながら進むこと、そして前方に置かれた玩具などによる注意や移動への誘導だけで単純に語れるようなものではないことを確認した。Kは、自分の横や少し離れた場所に置かれた対象物、布団や床などの水平面といった、時間的、空間的にもよりグローバルな環境のレイアウトのなかで体の動きを探っていたと考えられる。こうしたグローバルな環境のレイアウトを舞台として運動のヴァリエーションが現れていたということを考えた時、「探索」ということの意味は少し変わってくるのではないのだろうか。

例えば、仰向けの姿勢で支持面を蹴り腰を回す動きや、うつ伏せの姿勢から支持面を蹴り腰を持ち上げる動きは、布団や床など、ほぼ水平で一様な広がりを持つ面にたいして自身の体をどう置くかを探る活動ととらえなおすことができる。また、うつ伏せで床を腕で押さえて上体を持ち上げる動きは、周囲を見回すとともに、体の置き方を変え水平面にたいして頭を持ち上げる行為とも言えるだろう。うつ伏せの体勢から上体を持ち上げ、手で支持面を押さえて体を横に寄せる動きも、そうした観点からとらえることはできるだろう。

乳児の体を支えている水平に広がる面には、布団や床、畳など、さまざまなものがある。それらは柔らかさやテクスチャー、腕や足で押さえた時の抵抗や変形の仕方、滑りやすさが異なるだろう。そして、仰向けやうつ伏せの体勢から周囲を見回す時、それは水平面との関係だけではなく、垂直に切り立った壁面や、天井、それらに備えつけられた対象物への体の向きを変えることでもある。環境への探索によって動きのヴァリエーションが方向づけられるというよりは、具体物が織りなすレイアウトに囲まれながら体の動きは探られるのではないのだろうか。

身体と環境の関わりへ向けた新たなアプローチ

国内では、このように環境の具体物のレイアウトとともに動きのヴァリエーションを記述するような発達研究がいくつか行われている。山崎（二〇一一）は、窓の桟や、本棚や小テーブルなどが形作る複数の段、床に座る親の身体が形作る湾曲した面、ガラス戸につけられた吸盤のおもちゃが形作る複数の凸部、これらを用いてどのように乳児がつかまり立ちをするのか、一名を対象に詳細に観察している。一般的につかまり立ちは、歩行に先立つ運動発達のマイルストーンとされるが、その運動のパターンは一様ではなく、さまざまな面の配置と一体になった動きのヴァリエーションが生じていることを山崎は明らかにしている。

また、佐々木（二〇一一）は、床に置かれた座布団、ベビー布団、建具枠、洗面所付近の段差、ベッドなど、それぞれの段差においてどのように行為のヴァリエーションが生じるか、やはり一名の乳児を対象に詳細な観察を行っている。佐々木は個々の段差においてさまざまな行為のヴァリエーションが生じていることを示す一方で、そのヴァリエーションは個々の段差のユニークな性質によって制約されていることも示している。この研究から示唆されるのは、住環境にはユニークな性質と形状を持ったさまざまな段差がレイアウトされており、乳児はそのレイアウトに取り囲まれながら移動運動などを発達させているということである。

本書では環境よりももっぱら身体の動きに焦点を当て、そのヴァリエーションが発達の流れを形作っていることを見てきた。しかし、それらのヴァリエーションを具体物のレイアウトとともに記述した時、発達の舞台となる空間的、時間的にグローバルな環境のレイアウトが浮かび上がってくるのではないだろうか。その時、有機体と環境のスタティックな二分法（ゲゼル）とも、両者の時間軸上での可変的な関係（マグロー）とも異なる、身体（有機体）と環境の関わりの新たな側面が見えてくるかもしれない。

3　個のダイナミクスと種のダイナミクス

　ここまで、多重時間スケール、有機体と環境の関係、それぞれを軸に運動の発達研究の今後の展開を探ってきた。次に本書のテーマである「個」について、改めて問い直していきたい。

運動発達研究の通底に流れる個の問題

「行動は成長する。行動は特徴的なパターンをとる。あらゆる子どもはユニークな成長パターンを持ち、それは彼の個性（individuality）のカギとなる。人類（The race）は進化する。子どもは成長する。人間の種と個人は、ともに固有の行動の発生学（intrinsic embryology of behavior）に従う」（Gesell, 1952, p.41 より拙訳。括弧内は筆者の補足）。これは、ゲゼルの晩年の著作に記された言葉である。発達の普遍性を重視した研究を行ったと評されるゲゼルではあるが、医者でもあった彼は、実際には個々の乳児の発達にも等しく目を向けていたに違いない。

また、マグローの一九三五年の著作のイントロダクションに見られる、部分に分解されえない全体としての子どもを問題とすべきであるというデューイの問題意識は（McGraw, 1935）、現在の個に重点を置く縦断的な発達研究にも通じる部分があるように思われる。人間にとって普遍的な現象である発達と、個という問題はこれらの発達研究の先人においてもどこかでリンクした問題としてとらえられていたのではないのだろうか。もっとも、彼らは研究のプログラム上では個を生得的、もしくは不変的な特性としてとらえており、その意味では個をラベリングや一変数のように扱ってきたのだが。

イントリンジック・ダイナミクスの意義は何だったのか

これにたいして、イントリンジック・ダイナミクスという概念によって個をラベリングや一変数としてではなく、システム論的な視点から動きや変化との関連からとらえ、発達に決定的に関与することを示した点にテーレンの理論的貢献があることをⅢ章で確認した。この点で、テーレンは個が発達という現象の解明に寄与することを実証的に示したと言える。いささか誇張した言い方をすれば、個は普遍的な発達という現象と等しく、科学の対象となりうることをテーレンは示したのではないのだろうか。

こうしたテーレンの研究以降、現在では月齢相関的に進行する普遍的な発達段階を重視した研究ではなく、個人間、文化間に見られる発達の多様性が強調されることがある（Adolph, Karasik, & Tamis-LeMonda, 2010）。こうした動向から、近年では月齢のみを発達的変化の説明変数や比較軸とするのではなく、特定の運動指標の達成月齢やスキルの個人差を分析に組み込んだ発達研究が見られる（Adolph, Joh, Franchak, Ishak, & Gill, 2008；Carvalho, Tudella, Caljouw, & Savelsbergh, 2008；Soska, Adolph, & Johnson, 2010；Zwart, Ledebt, Fong, de Vries, & Savelsbergh, 2005）。また、テーレンが行ったように対象を少人数に絞り、縦断的に、そして密に発達プロセスを観察する研究も行われている（Nakayama, 2010；白神・根ヶ山、二〇〇八；山崎、二〇〇八）。このように、個体差や個人の発達曲線などを分析に組み込んだ発達研究の土壌はしだいに整いつつあるように思われる。

しかし、以上の研究は分析の単位を個人とする、もしくは変数として個人差を分析に組み込むものであり、テーレンのリーチングの研究のようにイントリンジック・ダイナミクス、もしくは運動における個が、どのように発達という現象に関わるのかを具体的に検討するものではない。その意味で、テーレンの研究の持つ意義は十分に汲みつくされていないようにも思われる。

個の発達のダイナミクス

そうであるなら、テーレンの主張から少しでも歩みを進め、運動の個を改めてとらえなおす、新たなアプローチ方法を探っていく必要があるのではないのだろうか。

Ⅳ章ではテーレンのリーチングの研究と同様、仰向けから体を持ち上げる際の特徴的な動き、イントリンジック・ダイナミクスからKやDが寝返りを始めることを見てきた。くわえて、そうしたイントリンジック・ダイナミクスに発達的な由来があること、そしてその発達的変化と並行してさまざまな動きの複合的変化があることが示された。そして、Ⅴ章ではKがハイハイをできるようになるまでの発達プロセスはさまざまな動きが変化、分岐、合流していくことによって形作られていることを見てきた。

Ⅰ章で、運動の個は、それをとらえようとする際に特有の困難さをはらんでいる現象だと述べた。ここまでの研究から見えてくるのは、運動の個やその変化は、単なるラベリングでもなく、ただ一つの変化の流れでもなく、さまざまな要素が変化しつつも分岐し、絡み合って群をなす複合的なプロセスなのではないのか、ということである。イントリンジック・ダイナミクスが発達に関わりそして変化するにしても、それは発達プロセスの表立った一部であり、その水面下には図5-29（144-145頁）に示されるような複合的なプロセスがあるのかもしれない。だからそれを一つ、もしくは少数のパラメーターや流れとしてとらえようとすると、どこかでとらえきれない部分が生じるのではないのだろうか。

少数の要素ではなく、複数の要素の複合的なプロセスとして発達をとらえるという視点はゲゼルの古典研究にも見られるものである（34頁、図2-5参照）。その意味で、こうしたプロセスのとらえ方は運動発達研究の伝統に則ったものであるが、テーレン以降の運動における個という問題に関連づけ、また実証的なデータから再度検討する必要はあるように思われる。

例えばI章では成人を対象に一時間未満という小さなタイムスケールで行った寝返りの実験の結果を紹介したが、そこでは運動の個が遂行する課題によってその姿を現したり消えたりすること、また変化したり変化しないことを見てきた。この結果は個というものを体の捻りという単一の尺度で測定された値によって示すことにより得られたものであった。しかし、複数の尺度や動作群から動きとその変化を記述することで異なる時間的変化の流れが見られるかもしれない。

こうしたアプローチは、テーレンがイントリンジック・ダイナミクスという概念で問題としつつも、限られた少数の測定値の変動から描いた運動の個を、別の方法で描く試みへと繋がる。それぞれの乳児の獲得したユニークな運動、寝返りやうつ伏せでの移動は、発達プロセスの中に見られるさまざまな動きのどれに発達的由来を持っているのだろうか。そして、発達的由来となる動きを含め、さまざまな動きがどのように関連しつつ、変化、分岐、減衰していくのだろうか。こうしたプロセスを示すことで初めて見えてくる個の発達のダイナミクスがあると考えられる。

個の重ね合わせ――種のダイナミクス

そして最後に考えておきたいのは、そうした一人一人の乳児の個の発達のダイナミクスが示されるとしても、それが発達という普遍的な現象にたいしてどのように理論的に位置づけられるのか、という問題である。この問題に答えられなければ、やはり個への問いはただ個へ向かうものでしかなく、発達という普遍的な問いに向かうものではない、という批判は免れないだろう。荷の重い課題であるが、これについて考えうる選択肢の一つを提示したうえで、本書を終えることにしたい。

この問題にたいして、例えば、個のユニークな発達プロセスを明らかにすることで、発達が生得的なプログラムではなく自己組織的な原理にもとづいて進行することを示すことができる、と回答できるかもしれない。他にも回答の仕方はあるだろう。しかし、ここで考えてみたいのは、さまざまな運動のヴァリエーションを重ね合わせていくことで初めて見えてくる発達の実像、個の発達のダイナミクスがあったように、複数の乳児の個の発達のダイナミクスを重ね合わせていくことで初めて見えてくる発達の実像があるのではないのか、ということである。

例えば、本書でKとDの寝返りの発達プロセスを観察した時に、Kは体幹を伸展する動作から、Dは体幹を屈曲する動作から、それぞれ寝返りを行っていたことが示された。乳児の初期の寝返りが、概ねこの二つの動作パターンに分かれることは、マグロー（McGraw, 1989）、アレクサンダー（Alexander, R.）ら（Alexander, Boehme, & Cupps, 1993/1997）も指摘している。複数の乳児の個の発達の流れを重ね合わせた場合、発達の流れは寝返り開始時期には大きく二つに分岐していると予想される。寝返りが始まるまでの発達プロセスについては詳しい研究がなされていないため予想がつかないが、KとDに類似した二つの発達の流れが寝返り開始時期の分岐に直結しているかもしれないし、複数の流れが二つの流れへと合流していくような形になっているのかもしれない。

また、本書の冒頭で示したように成人の寝返りは運動が多様化しているため、寝返り開始時期の二つの流れはそこから複数の流れへと分岐し、動きの幅も広がっていくと予想される。また、うつ伏せでの姿勢・移動発達については、本書でも見てきたように非常に多くの姿勢・移動のパターンがあるだけでなく、うつ伏せでの移動をしないまま歩行を開始する事例も報告されている（Hopkins & Westra, 1990）。それゆえ、個人間の発達のヴァリエーションも幅広く、複数の発達の流れや分岐があるのではないかと予想される。

このように個の発達の流れを重ね合わせていくと、発達プロセスの中で個人間の変動が少なく発達上の制約が強い部分と、個人間の変動が出やすく発達上の制約の緩やかな部分が浮かび上がってくるのではないかと思われる。また、V章でKの場合は四つ這いの姿勢から派生してお座りを始めることが示されたが、寝返りの発達とうつ伏せでの移動の発達、お座りの発達など、運動課題相互の発達上の関係も新たに見えてくるだろう。

複数の個の発達の流れの重ね合わせによる発達の現象のマッピングは通常、普遍的と形容される発達プロセスに該当するものであろう。しかし、平均値や偏差といった形で個の発達が切り捨てられるわけではなく、また、普遍、もしくは標準的な発達プロセスに対置される特殊なものとして個の発達プロセスが位置づけられるわけではない。動作群の変化の重ね合わせから発達における個の発達のダイナミクスと呼ばれるものが描けるとすれば、個の発達のダイナミクスを重ね合わせていくことで初めて見えてくる、人という種の発達のダイナミクスがあるのではないのだろうか。このようにして、個のダイナミクスは種のダイナミクスとの関連の中で、運動発達研究の中に位置づけることができるのではないのだろうか。

個々の発達を詳細に追う縦断的研究は膨大な時間と労力を要する。そのため、それらの重ねあわせから種のダイナミクスを描くといっても、実際の研究では五人前後の人数で精一杯なのではないかと考えられる。それでも、それらを重ね合わせていくことでどのようなものが浮かび上がっていくのか、やってみる価値はあるように思われる。

あとがき

この本は僕が二〇一三年に東京大学大学院教育学研究科に提出した博士論文がベースになっている。ただ、執筆するにあたってはV章で示した未発表の観察データもくわえることにし、僕自身の研究テーマである「個」を軸に全体の構成を変えることにした。それ以外の部分も、この分野に触れたことのない人にも読んでもらえるよう、できるかぎり手をくわえた。そうしたこともあり、今後の研究の展望について考察した結論部分は博士論文と大きく異なっている。時間が経過したということもあるが、ハイハイの発達をつぶさに見ていくうちに、「個」の見え方が自分の中でも大きく変わったということが一番大きいだろう。この点については、やはり本書を読んでもらうしかないように思う。なお、とくに出典の示されていない図版やイラストは、拙いながらもすべて自分自身で描いたり作図したりしたものである。読者の理解の助けになれば幸いである。

執筆がなかなか進まないこともあり、原稿を書いている間、この本は本当に世に出す価値があるのだろうか、と自問することが何度もあった。それでもなんとか原稿を書き上げた後、なんとはなしに「身体とシステム」シリーズの第一期で、多賀厳太郎先生が執筆された

『脳と身体の動的デザイン』をめくってみた。この本の最後には次のような一文がある。

テーレンらの主張で本当に意義のあることだと私が感じるのは、発達過程での個性に着目するべきだという主張である。（略）確かに、力学系はこうした個々の発達の軌跡の多様性と個性によらない普遍的な機構とを、同時に表現できる可能性を秘めていると思われる。（前掲書 p.201）

この一文を読んで、少なくとも本書の問いの方向自体は間違っていなかったのだな、と少しだけ自信がもてたような気がする。それと同時に、同じシリーズの著作の一冊として、以前の著作と繋がりのあるものを書き上げることができたことをうれしく思った。事象に真摯に向き合い、考え抜いてきた先人の問題意識を身に引き受けつつも、目の前に在ることがもつ深さを掘り起こしていくような研究を今後も続けていきたい。

執筆にあたってはさまざまな人のお世話になった。作業療法士の岡田美佐子さんは、僕の長年にわたる寝返り研究のきっかけを与えてくれただけではなく、I章の該当部分の原稿をチェックしてくださった。神戸大学の野中哲士さんには原稿全体に目を通していただき、読者が読みやすくなるような適切な助言と、励ましの言葉をいただいた。金子書房の亀井千是さんと渡部淳子さんには、原稿の執筆を気長に待っていただいた。また、先ほど一条流がんこラーメン総本家でとびきり旨いラーメンを食べてきて、この本の最後の追い込み作業をしているところである。他にも個々の名前は上げないが、普段よく行くラーメン屋さんの店主、店員さんたちや、長く付き合いのある作家さんたち、彼、彼女らの作り手としての考えに裏打ちされた真摯な仕事に触れることは、研究を続ける僕にとって大きな刺激と日々の糧となった。記して感謝の意を表したい。

最後に、本書の執筆をお誘いいただき、書き直すたびに原稿に目を通していただいた東京大学の佐々木正人先生には格別の感謝の意を表したい。先生の叱咤激励がなければ、この本は読むに耐えるようなものにならなかったであろう。院生時代からお世話になってばかりである先生のご恩にすこしでも報いることができるよう、今後もコツコツと研究を続けたい。

二〇一六年九月　駒込にて

山本　尚樹（やまもと なおき）

立教大学現代心理学部映像身体学科助教。
1980年生まれ。武蔵野美術大学造形学部視覚伝達デザイン学科卒業。東京大学大学院教育学研究科博士課程修了、博士（教育学）取得。東京大学大学院教育学研究科教育学研究員を経て2014年より現職。その他、武蔵野美術大学非常勤講師。専攻は発達心理学。東京都在住。

シリーズ編集
佐々木正人　東京大学大学院教育学研究科教授
國吉　康夫　東京大学大学院情報理工学系研究科教授

新・身体とシステム
個のダイナミクス
運動発達研究の源流と展開

2016年10月30日　初版第1刷発行　　　検印省略

著　者　山本尚樹
発行者　金子紀子
発行所　株式会社　金子書房
〒112-0012東京都文京区大塚3-3-7
TEL 03-3941-0111／FAX 03-3941-0163
振替 00180-9-103376
URL　http://www.kanekoshobo.co.jp

印刷／藤原印刷株式会社
製本／株式会社宮製本所

ISBN978-4-7608-9391-1　C3311　　Printed in Japan

文　献

Ⅰ章

角　博行・米村一幸・多々納善広・上田正樹・渡部訓久　1995　健常成人の寝返り動作における検討　理学療法学　**22**（学会特別号），455.

香城　綾・増田元香・佐藤紀久江・紙屋克子　2001　高齢者の寝返り動作の観察と２つの寝返り動作支援法の比較　臨床看護研究の進歩　**12**, 74-81.

中島雅美・中島喜代彦・森重康彦・古島　譲・清水路子・藤井己生・江上正敏・前田比呂志・奥村美智代・藤井浩一・内田貴士　1988　頸椎の ROM と寝返り動作について――健常者と片麻痺患者の比較　理学療法学　**15**, 251-255.

野崎真奈美・藤巻吾郎・三家礼子・荏原芳史・野呂影勇　2004　身体特性による寝返り動作パターンの判別（第一報）　人とシステム　**7**, 9-14.

Richter, R. R., VanSant, A. F., & Newton, R. A.　1989　Description of adult rolling movements and hypothesis of developmental sequences. *Physical Therapy*, **69**, 63-71.

山本尚樹　2013　成人男性を対象とした寝返り動作における微視的発生プロセスの検討――乳児初期の寝返り動作との発達的関連から　発達心理学研究　**24**, 358-370.

Ⅱ章

Adolph, K. E., Karasik, L., & Tamis-LeMonda, C. S.　2010　Motor skill. In M. Bornstein (Ed.), *Handbook of cultural developmental science* (pp. 61-88). New York: Taylor & Francis.

Coghill, G. E.　1929　*Anatomy and the problem of behavior*. New York: McMillan.［柘植秀臣訳　1972　解剖学と行動の問題　柘植秀臣編著　行動発達の神経学的基礎　pp.1-100　恒星社厚生閣］

Fuller, R. B.　1992　*Cosmography*.　New York: McMillan.［梶川泰

司訳　2007　コズモグラフィー：シナジェティクス原論　白揚社］
Gesell, A.　1945　*The embryology of behavior.*　New York: Harper & Brothers.［新井清三郎訳　1980　行動の胎生学（第2版）　日本小児医事出版社］
Gesell, A.　1946　The ontogenesis of infant behavior. In L. Carmichael (Ed.), *Manual of child psychology* (pp.295–331). New York: John Wiley & Sons.
Gesell, A.　1952　*Infant development: The embryology of early human behavior.*　New York: Harper & Brothers.
Gesell, A., & Ames, L. B.　1940　The ontogenetic organization of prone behavior in human infancy. *The Journal of Genetic Psychology*, **56**, 247–263.
Gesell, A., Thompson, H., & Amatruda, C. S.　1934　*Infant behavior: Its genesis and growth*. New York: McGraw–Hill.［新井清三郎訳　1982　小児の発達と行動　福村出版］
藤永　保　1992　発達研究・発達観・モデルの変遷　東　洋・繁多進・田島信元編　発達心理学ハンドブック　pp.15–31　福村出版
鹿取廣人・杉本敏夫・鳥居修晃編　2011　心理学　第４版　東京大学出版会
蔵本由紀　2007　非線形科学　集英社
McGraw, M. B.　1935　*Growth: A study of Johnny and Jimmy.*　New York: D. Appleton–Century.
McGraw, M. B.　1946　Maturation of behavior. In L. Carmichael (Ed.), *Manual of child psychology* (pp.332–369). London: Chapman & Hall.
McGraw, M. B.　1989　*The neuromuscular maturation of the human infant (Classics in developmental medicine: No.4)*. London: Mac Keith Press.
Pavlov, I. V.　1927　*Лекции о работе больших полушарий головного мозга*. Москва: Ленинград,［川村　浩訳　1975　大脳半球の働きについて：条件反射学（上）　岩波書店］
柘植秀臣　1972　各種動物の胚と胎児の行動発達　柘植秀臣編著　行動発達の神経学的基礎　pp.155–183　恒星社厚生閣

Watson, J. B.　1930　*Behaviorism, Revised Ed.* New York: Norton & Company.［安田一郎訳　1968　行動主義の心理学　河出書房］

III章

Adolph, K. E., Cole, W. G., Komati, M., Garciaguirre, J. S., Badaly, D., Lingeman, J. M., Chan, G. L. Y., & Sotsky, R. B.　2012　How do you learn to walk? Thousands of steps and dozens of falls per day. *Psychological Science*, **23**, 1387-1394.

Adolph, K. E., Joh, A. S., Franchak, J. M., Ishak, S., & Gill-Alvarez, S. V.　2008　Flexibility in the development of action . In J. Bargh, P. Gollwitzer, & E. Morsella (Eds.), *The psychology of action, Vol. 2* (pp.399-426). New York: Oxford University Press.

Adolph, K. E., Vereijken, B., & Denny, M.　1998　Learning to crawl. *Child Development*, **69**, 1299-1312.

Bertenthal, B. I., Rose, J. L., & Bai, D. L.　1997　Perception-action coupling in the development of visual control of posture. *Journal of Experimental Psychology: Human Perception and Performance*, **23**, 1631-1643.

Bremner, J. G.　1994　*Infancy, Second edition*. Oxford: Blackwell Publishers.［渡部雅之訳　1999　乳児の発達　ミネルヴァ書房］

陳　省仁　1993　乳児の運動・情動発達研究におけるダイナミック・システムズ・アプローチ　無藤　隆編　現代発達心理学入門（別冊発達 15） pp.35-44　ミネルヴァ書房

Gesell, A.　1945　*The embryology of behavior*.　New York: Harper & Brothers.［新井清三郎訳　1980　行動の胎生学（第2版）　日本小児医事出版社］

Gesell, A.　1946　The ontogenesis of infant behavior. In L. Carmichael (Ed.), *Manual of child psychology* (pp.295-331). New York: John Wiley & Sons.

Gesell, A., Thompson, H., & Amatruda, C. S.　1934　*Infant behavior: Its genesis and growth*. New York: McGraw-Hill.［新井清三郎訳　1982　小児の発達と行動　福村出版］

Gibson, J. J. 1979 *The ecological approach to visual perception*.

Hillsdale, Boston: Houghton Miffilin.［古崎　敬ほか訳　1985　生態学的視覚論　サイエンス社］
Gilmore, R. O., Baker, T. J., & Grobman, K. H.　2004　Stability in young infants' discrimination of optic flow. *Developmental Psychology*, **40**, 259–270.
Goldfield, E. C.　1989　Transition from rocking to crawling: Postural constraints on infant movement. *Developmental Psychology*, **25**, 913–919.
Kugler, P. N., Kelso, J. A. S., & Turvey, M. T.　1980　On the concept of coordinative structures as dissipative structures: Ⅰ. Theoretical lines of convergence. In G. E. Stelmach, & J. Requin (Eds.), *Tutorials in motor behavior* (pp.3–47). Amsterdam: North-Holland.
Kugler, P. N., Kelso, J. A. S., & Turvey, M. T.　1982　On the control and co-ordination of naturally developing systems. In J. A. S. Kelso and J. E. Clark (Eds.), *The development of movement control and co-ordination* (pp.5–78). New York: John Wiley & Sons.
蔵本由紀　2007　非線形科学　集英社
McGraw, M. B.　1989　*The neuromuscular maturation of the human infant (Classics in developmental medicine: No.4)*. London: Mac Keith Press.
Soska, K. C., Adolph, K. E., & Johnson, S. P.　2010　Systems in development: Motor skill acquisition facilitates three-dimensional object completion. *Developmental Psychology*, **46**, 129–138.
多賀厳太郎　2011　脳と行動の初期発達　発達心理学研究　**22**, 349–356.
Thelen, E.　1979　Rhythmical stereotypies in normal human infants. *Animal Behavior*, **27**, 699–715.
Thelen, E.　1981　Kicking, rocking, and waving: Contextual analysis of rhythmical stereotypies in normal human infants. *Animal Behavior*, **29**, 3–11.
Thelen, E.　1983　Learning to walk is still an "old" problem: A reply to Zelazo (1983). *Journal of Motor Behavior*, **15**, 139–161.

Thelen, E. 1984 Developmental origins of motor coordination: Leg movements in human infants. *Developmental Psychobiology*, **18**, 1-22.

Thelen, E. 1986 Tredmill-elicited stepping in seven-month-old infants. *Child Development*, **57**, 1498-1506.

Thelen, E. 1987 The role of motor development in developmental psychology: A view of the past and an agenda for the future. In N. Eisenberg (Ed.), *Contemporary topics in developmental psychology* (pp.3-33). New York: John Wiley & Sons.

Thelen, E. 2000 Motor development as foundation and future of developmental psychology. *International Journal of Behavioral Development*, **24**, 385-397.

Thelen, E., Bradshaw, G., & Ward, J. A. 1981 Spontaneous kicking in month-old infants: Manifestation of a human central locomotor program. *Behavioral and Neural Biology*, **32**, 45-53.

Thelen, E., Corbetta, D., Kamm, K., Spencer, J. P., Schneider, K., & Zernicke, R. F. 1993 The transition to reaching: Mapping intention and intrinsic dynamics. *Child Development*, **64**, 1058-1098.

Thelen, E., Corbetta, D., & Spencer, J. P. 1996 Development of reaching during the first year: Role of movement speed. *Journal of Experimental Psychology*, **22**, 1059-1076.

Thelen, E., & Fisher, D. M. 1982 Newborn stepping: An explanation for a "Disappearing" reflex. *Developmental Psychology*, **18**, 760-775.

Thelen, E., Fisher, D. M., & Ridley-Johnson, R. 1984 The relationship between physical growth and a newborn reflex. *Infant Behavior and Development*, **7**, 479-493.

Thelen, E., Fisher, D. M., Ridley-Johnson, R., & Griffin, N. J. 1982 Effects of body build and arousal on newborn infant stepping. *Developmental Psychobiology*, **15**, 447-453.

Thelen, E., Kelso, J. A. S., & Fogel, A. 1987 Self-organizing systems and infant motor development. *Developmental Review*, **7**,

39–65.
Thelen, E., & Smith, L. B.　1994　*A dynamic systems approach to the development of cognition and action*. Cambridge, MA: MIT Press.
Thelen, E., & Smith, L. B.　1998　Dynamic systems theories. In W. Damon, & R. M. Lerner (Eds.), *Handbook of child psychology fifth edition Volume 1: Theoretical models of human development* (pp.563–634). New York: John Wiley & Sons.
Thelen, E., & Ulrich, B. D.　1991　Hidden skills: A dynamic systems analysis of treadmill stepping during the first year. *Monographs of the society for research in child development*, Serial No. 223, **56** (1).
Waddington, C. H.　1966　*Principles of development and differentiation*. New York: Macmillan Company.［岡田　瑛・岡田節人訳　1968　発生と分化の原理　共立出版］
Zanone, P. G., & Kelso, J. A. S.　1991　Experimental studies of behavioral attractors and their evolution with learning. In J. Requin, & G. E. Stelmach (Eds.), *Tutorials in motor neuroscience* (pp.121–133). Dordrecht, Netherlands: Kluwer.
Zelazo, P. R., Zelazo, N. A., & Kolb, S.　1972　Walking in newborn. *Science*, **177**, 1058–1059.

Ⅳ章

Adolph, K. E., Joh, A. S., Franchak, J. M., Ishak, S., & Gill, S. V. 2008　Flexibility in the development of action. In J. Bargh, P. Gollwitzer, & E. Morsella (Eds.), *The psychology of action, Vol. 2* (pp.399–426). New York: Oxford University Press.
Bertenthal, B. I., Rose, J. L., & Bai, D. L.　1997　Perception–action coupling in the development of visual control of posture. *Journal of Experimental Psychology: Human Perception and Performance*, **23**, 1631–1643.
Gilmore, R. O., Baker, T. J., & Grobman, K. H.　2004　Stability in young infants' discrimination of optic flow. *Developmental Psy-*

chology, **40**, 259–270.

McGraw, M. B.　1989　*The neuromuscular maturation of the human infant (Classics in developmental medicine: No.4)*. London: Mac Keith Press.

佐々木正人　2008　アフォーダンスの視点から乳幼児の育ちを考察（特別付録 DVD–ROM 動くあかちゃん事典）　小学館

Thelen, E., Corbetta, D., Kamm, K., Spencer, J. P., Schneider, K., & Zernicke, R. F.　1993　The transition to reaching: Mapping intention and intrinsic dynamics. *Child Development*, **64**, 1058–1098.

Thelen, E., & Smith, L. B.　1994　*A dynamic systems approach to the development of cognition and action*. Cambridge, MA: MIT Press.

Thelen, E., & Ulrich, B. D.　1991　Hidden skills: A dynamic systems analysis of treadmill stepping during the first year. *Monographs of the society for research in child development*, Serial No. 223, **56** (1).

山本尚樹　2011　乳児期における寝返り動作獲得過程の縦断的観察　発達心理学研究　**22**, 261–273.

Ⅴ章

Gesell, A., & Ames, L. B.　1940　The ontogenetic organization of prone behavior in human infancy. *The Journal of Genetic Psychology*, **56**, 247–263.

Goldfield, E. C.　1989　Transition from rocking to crawling: Postural constraints on infant movement. *Developmental Psychology*, **25**, 913–919.

Goldfield, E. C.　1995　*Emergent forms: Origins and early development of human action and perception.* New York: Oxford University Press.

前川喜平　2003　小児の神経と発達の診かた（改訂第三版）　新興医学出版会

Ⅵ章

Adolph, K. E., Cole, W. G., & Vereijken, B. 2015 Intra-individual variability in the development of motor skills in childhood. In M. Diehl, K. Hooker, & M. Sliwinski (Eds.), *Handbook of intra-individual variability across the lifespan* (pp.59-83). New York: Routledge/Taylor & Francis Group.

Adolph, K. E., Joh, A. S., Franchak, J. M., Ishak, S., & Gill, S. V. 2008 Flexibility in the development of action. In J. Bargh, P. Gollwitzer, & E. Morsella (Eds.), *The psychology of action, Vol. 2* (pp.399-426). New York: Oxford University Press.

Adolph, K. E., Karasik, L., & Tamis-LeMonda, C. S. 2010 Motor skills. In M. Bornstein (Ed.), *Handbook of cultural developmental science* (pp.61-88). New York: Taylor & Francis.

Alexander, R., Boehme, R., & Cupps, B. 1993 *Normal development of functional motor skills: The first year of life*. Tucson: Therapy Skill Builders.［高橋智宏監訳　太田真美ほか訳　1997 機能的姿勢――運動スキルの発達　協同医書出版社］

Carvalho, R. P., Tudella, E., Caljouw, S. R., & Savelsbergh, G. J. P. 2008 Early control of reaching: Effects of experience and body orientation. *Infant Behavior and Development*, **31**, 23-33.

Gesell, A. 1945 *The embryology of behavior*. New York: Harper & Brothers.［新井清三郎訳　1980　行動の胎生学（第2版）　日本小児医事出版社］

Gesell, A. 1952 *Infant development: The embryology of early human behavior*. New York: Harper & Brothers.

Gesell, A., Thompson, H., & Amatruda, C. S. 1934 *Infant behavior: Its genesis and growth*. New York: McGraw-Hill.［新井清三郎訳　1982　小児の発達と行動　福村出版］

Goldfield, E. C. 1995 *Emergent forms: Origins and early development of human action and perception*. New York: Oxford University Press.

Hopkins, B., & Westra, T. 1990 Motor development, maternal expectations, and the role of handling. *Infant Behavior & Devel-*

opment, **13**, 117-112.

McGraw, M. B.　1935　*Growth: A study of Johnny and Jimmy*. New York: D. Appleton-Century.

McGraw, M. B.　1989　*The neuromuscular maturation of the human infant (Classics in developmental medicine: No.4)*. London: Mac Keith Press.

Nakayama, H.　2010　Development of infant crying behavior: A longitudinal case study. *Infant Behavior and Development*, **33**, 463-471.

佐々木正人　2011　包囲する段差と行為の発達　発達心理学研究　**22**, 357-368.

白神敬介・根ヶ山光一　2008　家庭での自然観察によるつかまり歩きの縦断的研究　発達心理学研究　**19**, 375-388.

Soska, K. C., Adolph, K. E., & Johnson, S. P.　2010　Systems in development: Motor skill acquisition facilitates three-dimensional object completion. *Developmental Psychology*, **46**, 129-138.

Thelen, E., & Smith, L. B.　1994　*A dynamic systems approach to the development of cognition and action*. Cambridge, MA: MIT Press.

山崎寛恵　2008　乳児期の伏臥位リーチングの発達にみられる姿勢と運動の機能的入れ子化　発達心理学研究　**19**, 15-24.

山崎寛恵　2011　乳児期におけるつかまり立ちの生態幾何学的記述―姿勢制御と面の配置の知覚に着目して　質的心理学研究　**10**, 7-24.

Zwart, R., Ledebt, A., Fong, B. F., de Vries, H., & Savelsbergh, G. J. P.　2005　The affordance of gap crossing in toddlers. *Infant Behavior and Development*, **28**, 145-154.